“十三五”国家重点图书出版规划项目

新战略

保障性住房与城乡融合

李勇辉 李小琴◎著

湘潭大學出版社

目　　录

第 1 章　绪论

1.1　研究背景及价值

1.1.1　研究背景

城乡关系的演变是国家整体社会经济发展的重要体现部分，从各个国家的发展经历来看，城乡二元结构的形成与转变均是实现现代化的必经阶段。新中国成立以后，我国实行严格的计划经济，出台了一系列加强城乡两部门分隔管理的资源控制政策与行政管理制度，如户籍制度、统购统销制度等，从而造成了我国历史上长久的城乡隔离发展。随着改革开放，城乡隔离发展导致的各种社会经济矛盾不断突出，城乡融合思想逐渐受到重视。2002 年，党的十六大首次提出统筹城乡发展战略，推进形成“城乡一体化”发展格局开始成为政府的重点工作内容。2017 年，十九大提出“建立健全城乡融合发展体制机制和政策体系”的城乡融合思想。在此基础上，2019 年 5 月，国务院发布了《中共中央国务院关于建立健全城乡融合发展体制机制和政策体系的意见》，提出了城乡融合发展“三步走”战略，明确指出到 2022 年要初步建立城乡融合发展体制机制。城乡融合发展战略通过约二十年的推进，城乡间要素流动的制度障碍基本清除，要素自由流动通道基本打通，有效改革户籍制度对城乡间流动人口的落户约束，建立城乡统一的建设土地市场，金融企业支持乡村振兴的力度逐步提升，基本形成农村产权保护制度框架，稳步推进基本公共服务均等化水平，不断健全乡村治理体系。

经济发达地区、城市群都市圈以及城市郊区等应当充分发挥经济与区域优势，在城乡融合发展战略实践上取得率先突破。到2035年，建立建成完善的城乡融合发展体制机制，城镇化发展由快速推进期进入成熟期，城乡经济发展差距和居民生活水平差距显著缩小。城乡间人口迁移制度、普惠金融服务体系、土地市场等更加完善，基本实现公共服务均等化，实现农村现代化建设。到21世纪中叶，城乡融合发展体制机制成熟定型，全面实现城乡融合、乡村振兴和共同富裕。当前我国正处于实现全面城乡融合发展的初期阶段，更应当从顶层设计的角度来完善推进城乡融合发展的相关制度和政策体系，为城乡融合发展的推进提供支撑和保障。

城乡融合发展的主要驱动力量就是城镇化建设，大量的农业部门人口通过就地城镇化或者迁移流向城市部门，促进了城乡间的要素交流与资源优化配置。大量的农业部门人口向城市转移，给城镇住房体系产生了直接的住房需求冲击，在城镇原有的住房结构体系下，许多“新市民”难以满足基本的居住需求，从而出现“逆城镇化”问题。由于住房本身所具有的特性及住房市场的固有缺陷，流动人口家庭多以低收入家庭为主，其特殊的阶层性决定了仅依赖市场机制难以解决自身的住房需求（周雨晴 等，2019）。2016年，习近平总书记首次提出“要准确把握住房的居住属性，以满足新市民住房需求为主要出发点”，多举措构建多层次的长远住房制度安排。新时期下新市民的住房问题开始成为经济社会发展的重点问题，有效解决新市民的住房难题也成为住房制度改革的重点方向。虽然近年来许多地方政府尝试将农民工纳入保障性住房的供给范围，但在实际过程中农民工依然难以分享这一公共服务，保障性住房对流动人口的居住保障效力明显不足，目前我国住房保障制度的对象仍以户籍人口为主体（齐慧峰 等，2015）。十九大以后，我国进入了住房制度改革的新时期，让“新市民”享有均等化的住房保障服务是新时期住房制度改革中的重点问题。因此，探讨流动人口的居住安排对城乡融合发展具有重要理论意义。

1.1.2 研究价值

本书对新时期中国住房保障体制改革和城乡融合发展的政策演进与发展阶段进行了系统性的动态分析，梳理出不同阶段住房保障政策的改革成果，并对现有的住房保障政策效应进行评估。同时，从理论基础、机理分析以及实证检验三个方面验证了保障性住房对城乡融合发展的推动效应。最后，提出新时期构建以城乡融合为政策目的的住房保障体系的理论框架。

1. 理论价值

第一，以新时期下中国特色城乡关系为研究对象，不仅是对马克思主义城乡关系理论的一次拓展，同时也有助于建立符合我国国情的城乡关系理论。马克思城乡理论是实现城乡融合的基石，有助于从起源、分割到矛盾激化等整个演变过程来揭示城乡关系，我国现有的城乡融合理论都是对马克思主义城乡理论的继承与发展。但是新时期下，由于经济社会的快速发展，人口结构出现新特征，加上国家发展战略的引导，导致我国二元结构更加复杂化。在新时期背景下，以中国的城乡关系为研究对象，探讨城乡关系融合发展的有效路径，不仅是马克思主义城乡发展理论在我国新的发展阶段下的又一次创新尝试，同时有助于建立与我国经济发展特征、人口结构转变相适应的城乡融合理论，对于新时期下的城乡融合发展也更具指导意义。

第二，以经典城乡融合发展理论为基础，同时把握新时期下城乡关系的转变特征，深刻揭示出当前我国城乡关系的内在矛盾与发展阻力。随着以人为核心的新型城镇化的推进，严格的二元城乡结构开始松动，我国城乡关系正处于从城乡对立向城乡融合转型发展的关键阶段。消除两极分化、实现共同富裕是社会主义的本质要求。但是，当前我国城乡关系仍处于非均衡发展状态，长久二元隔离遗留的诸如城市偏向政策、潜在迁移障碍等历史问题依然是阻碍城乡融合发展的不利因素。一方面，以经典城乡融合发展理论为彻底破除二元制城乡隔离、打通城乡间要素流通通道提供理论指导；另一方面，探索在新时期实现乡村振兴、促进农业现代化等问题的路径，解决新时期下城乡融合发展面临的新问题。当前我国城乡融合发展仍处于初期阶段，在解决历史遗留问题时，还需要不断应对新时期的新问题，最终才能建立起促进城乡融合发展的长效机制。

第三，将保障性住房纳入城乡融合发展理论框架，丰富了现有城乡一体化发展研究的理论体系。传统的城乡融合发展研究大都聚焦于农地改革、文化建设、乡村振兴等方面，从单个部门的角度提出促进城乡融合发展的政策建议。而随着城乡融合发展进入新阶段，两部门的要素流动与资源配置效率不断提高。在新型城镇化建设中，人口融合是城乡一体化发展的重要推动力量，如何让农业部门的群体在城市稳定居留是城乡融合发展的新关键。住房作为“新市民”在城市生活和工作的基本需要，在促进人口流动和劳动力资源配置方面具有重要意义，在城市商品房市场门槛较高的背景下，以保障性住房来解决“新市民”的居住需求，促进城乡一体化发展具有重要理论意义。

2. 应用价值

一是提出了城乡融合发展的新路径。本书基于城乡融合发展的一般理论，以动态分析对城乡关系发展的演变历程进行系统梳理，深入揭示我国城乡关系的内在矛盾与发展阻力，同时梳理出保障性住房与城乡融合发展的内在机理，并就保障性住房对城乡融合发展的推动效应进行检验，最后以保障性住房为视角提出促进城乡一体化发展的新路径体系。

二是为新时期住房制度改革和住房保障体系建设提供参考。在社会融合发展的新阶段，大量农业部门人口迁往城市，形成了城市的“新市民”群体，作为城市的主要建设者，要让他们摆脱“过客”心理，在城市“落脚”，促进城乡间要素流动。较高的居住成本已经成为劳动力回流、逆城镇化的重要原因，因此用保障性住房来解决农业部门人口在城市的居住问题在现阶段的住房制度改革中具有重要实践意义。

1.2 国内外研究现状

1.2.1 我国住房保障体系的变迁动力研究

社会主义市场经济的发展是我国住房保障制度演变的内在需要（王宇锋，2019），因此，住房制度改革也通常被认为是我国经济体制改革的一部分（李宏等，2019）。从经济体制改革的角度来看，我国住房保障体系的演变动力主要来自正式性制度变迁动力和非正式性制度变迁动力。

1. 正式制度变迁动力

完全福利化阶段的住房保障体系较多地注重住房的商品化属性，却忽略了住房同样具有居住、消费属性（王京滨 等，2019；熊鹰 等，2019；王燕武 等，

2020)。在完全福利化阶段，我国的住房保障体系的改革动力明显不足。从 1998 年大规模商品化改革开始，我国住房保障体系的改革呈现出加快的趋势，许多学者才开始关注到住房保障体系改革的正式制度变迁动力与内在逻辑。大部分的学者都认为中央政府和地方政府作为住房保障体系的行为主体，他们的利益变化是推动住房保障体系改革的主要动力（唐焱 等，2014；吴宾 等，2018)。中央政府作为住房保障体系建设的主要推动者，其政策战略的转变较易导致全局阶段性动机冲突，而地方政府作为保障性住房建设的主要承担者，在动机上容易与中央政府产生背离，形成不同的改革路径与行动策略，削弱了住房保障体系的改革成效（许天翔，2018)。少部分的学者也关注到一些住房保障体系的其他正式制度变迁动力，如财税制度改革要求下转变完全福利住房属性，投融资体系改革下对住宅建设的需要增加，城镇化建设下住房保障体系也与经济发展、人口流动等特征相适宜，收入分配制度下由于收入差距扩大所导致的中低收入群体的住房困难问题愈发严重（李勇辉 等，2019；王军，2019；陈伟 等，2019；路昌 等，2020；郑芳 等，2020；胡吉亚，2020)。

2. 非正式制度变迁动力

非正式制度变迁动力主要影响住房保障体系的内涵与住房供给模式，进而导致住房保障思想的逐步演变。新中国成立初期，住房整体供给水平较低，加上严格的土地制度与计划经济思想，住房由政府进行建造与统一分配，住房保障思想也是以完全福利属性为主（贾康 等，2007)。改革开放后，完全福利化的住房属性与快速的经济发展的矛盾凸显，受到《邓小平关于建筑业和住宅问题的讲话》影响，许多学者针对住房的属性展开了讨论，认为住房除了福利属性以外，也应当具有商品属性（国世平，1982；陈启中 等，1983；荷先，1983)。我国开始初步探索住房商品化改革道路，提出了以“提租”为核心的补贴方案以及二元分配方案，试图建立城镇住房投入产出的良性循环新机制，以满足城镇居民不断增长的住房需求（郭永学，1992)。1998 年房改以后，虽然确立了“双轨制”住房供应体系，但是商品房市场的过快发展导致了房价的快速上涨，中低收入群体难以依赖市场交易来解决住房需求（孙静 等，2020)，住房问题演变成了民生问题（张鹤，2019)。随着我国先后经历了四轮房价快速上涨，住房市场的供需矛盾不断激化，政府也将重塑住房保障体系和创新住房保障模式提升至战略操作层面。

由此可见，经济社会的发展、住房供需矛盾、政府政策战略以及住房现实状况等都是推动住房保障体系发展的重要动力。

1.2.2 我国保障性住房供给现状分析

房价的快速上涨加剧了城镇中低收入群体所面临的住房困难问题，从而导致住房市场失灵。推进以政府为责任的保障性住房建设不仅能有效保障中低收入居民的居住权，还有利于维护社会整体公平和效率。随着住房保障制度改革的不断推进，我国住房保障的内涵不断丰富，保障模式也不断完善，基本确立起“中央—地方”政府联动的保障性住房供给机制。但是由于各级政府的利益目标不一致，保障性住房的有效供给水平始终较低，也难以兼顾公平和效率（吴传清 等，2019；周博颖 等，2020）。

从保障性住房的经济效应来看，首先，保障性住房与商品性住房存在着一定的替代性和互补性。商品房过快发展导致了中低收入群体的住房困难，而保障性住房则以解决中低收入群体的住房困难为目标，有利于提高整体居住质量，维护社会的稳定等。但是对于保障房与商品房之间的相互影响关系，现有的研究还未达成一致的结论。部分学者认为，政府推进保障性住房的建设能平滑商品性住房的价格。保障性住房的建设能增加社会整体的住房供给，为了实现保障性住房对低收入群体住房需求的“托底”保障，保障性住房的定价通常也较低，因此可以通过低价的保障性住房对高价的商品住房形成一定的替代和需求分流，达到抑制房价的作用，即形成对商品住房的“挤出效应”（Sinai et al.，2005；李勇辉 等，2017；张鹤，2019）。另一部分学者则认为，保障性住房的建设不仅不会抑制商品房的价格，反而还会对商品房的价格起到助推作用（何代欣，2013）。其次，保障性住房通过发挥收入再分配效应可以对收入差距起到一定的调节作用。保障性住房作为社会保障制度最重要的组成部分，会在住房市场起到再分配的效应。最后，保障性住房对城乡居民就业和消费产生一定影响。目前国内外在探讨保障性住房对就业的影响时也未得到一致结论，但是大部分的研究都认为保障性住房会对保障对象的就业产生负向影响，即“奥斯瓦尔德假说”（Oswald Hypothesis）。这种负向影响主要来自两个方面：一是作为社会福利体系的组成部分，保障性住房可能存在着“福利陷阱”效应。对于申请到保障性住房的对象而言，为了延长保障期，会有意识地退出劳动力市场或者减少工作时间，来满足保障性住房的申请要求，产生“挤入”现象和“滞留”现象（崔光灿，2014）。二是保障性住房的空间效应限制了保障对象的工作范围，降低了其在远距离劳动力市场的就业概率（Battuet et al.，2008）。大量学者基于国内数据验证了奥斯瓦尔德假说在我国的适用性（刘斌 等，2013；易成栋 等，2015）。此外，保障性住房对家庭消费存在着扩张效应。对于申请到保障性住房的家庭而言，保障性住房可以使生产者剩余部分地转移到消费者身上，在提高保障群体福利水平的同时提升家庭消费（王祖山 等，2019；刘建国 等，2020）。对于没有申请到保障性住房的家庭而言，保障性住房供给的增加有利于平衡住房市场的供求关系，平稳商品房房价，通过降低住房成本来提高家庭消费（Wood et al.，2004）。但是，保障性住房对消费的扩张效应并非总是存在的，还有着一定的门槛效应。因此，保障性住房的投资和供给也需要在合理的区间范围内才能发挥对消费的扩张效应，否则还会在一定程度上对消费起到抑制效应（陈健 等，2012；陈健 等，2012）。

1.2.3　城乡融合影响因素分析

1. 城镇化进程

(1) 住房制度下的人口城镇化

人口城镇化滞后于劳动力城镇化是我国新型城镇化建设过程中的一个突出问题，高成本的住房制度被视为造成这种现象的重要原因之一（Rabe et al.，2012；宋立，2014）。即使是在住房制度改革之后，流动人口一般也很难获得住房，住房作为与户籍政策相关联的城市福利的重要组成部分，住房制度与户籍制度附属的其他福利制度共同加重了流动人口的市民化成本。

尽管近年来的户籍制度改革政策在一定程度上削弱了城乡福利差异，降低了流动人口的公共服务门槛，但改善作用十分有限，户籍特别是与之相关的住房制度对于农村劳动力的流动以及流动人口的城镇化的阻碍作用依然严重。陶然和徐志刚（2005）认为其根本原因在于流动人口基本医疗保障和住房制度的缺少，致使中国城镇化进程受阻。城镇化的本质是人的城镇化，大量的城市流动人口由于缺乏相应的居住、医疗、子女教育以及养老等方面的制度保障，其所面临的市民化成本将是巨大的，也就进一步降低了其永久性迁移的可能性。同样，吴开泽和陈琳（2018）指出贫困具有多重本质，并不是仅仅局限于收入低，而是指居民在住房、教育和医疗等公共服务领域参与不足。而住房类型对居民住房贫困具有显著影响，“新市民”在住房市场和住房政策的双重排斥下大多存在住房贫困，与城市原住居民形成显著的居住分割。进一步地，吴开泽和魏万青（2018）发现由于房地产价格上涨，流动人口在城市的安居成本越来越大，大多租住于城郊段或城中村，由此形成以居住地分割为表征的社会分层结构，住房市场化进程通过住房制度差异阻碍着城镇化和人口城镇化率的提高。Zhao（2015）也指出我国的流动人口以农村剩余劳动力为主，大都属于低收入群体，较高的住房价格和租金成本会对流动人口的长期定居意愿和家庭化迁移决策产生阻碍效应，从而阻碍了人口城镇化的发展。

从广义上来讲，城市正规住房供给是城市公共服务的重要内容，农村流动人口如农民工在城市的定居意愿不仅取决于其在城市的工资收入水平和就业机会，同时也取决于该城市所提供的基础设施和公共服务的完善性，如基础医疗、交通便利以及城市住房等。孔艳芳（2015）利用 1999 — 2013 年 31 个省份的数据，研究了城镇化进程中的人口城镇化缺口问题，发现房价是中国人口城镇化缺口的一个重要影响因素，房价越高城镇化缺口越大。而通过健全公共服务体系，改善社会保障条件如保障性住房等将有利于缓解这一效应。在实践过程中应当加强对廉租房、公租房和租赁补贴等住房保障体系的落实和监督力度，分层次、有步骤地提高迁移农民市民化程度。杨菊华（2018）认为住房保障制度对农民工的制度排斥阻碍了农民工等弱势群体定居城市，将流动人口纳入住房保障体系之内，推进公共租赁住房保障范围扩容，推行居住融合的住房模式，能推动流动人口实现安家梦。李勇辉等（2019）基于流动人口动态监测调查数据，采用工具变量的条件混合过程估计方法发现，流动人口家庭通过获得保障性住房，能有效地改善其居住环境。

（2）保障性住房与人口城镇化

从人口迁移研究角度分析，大量农村劳动人口流动到城市是因为城市具有更多工作机会和更高的收入，但促使流动人口选择在城市定居的，除了城市的公共服务水平和自身的经济基础外，关键在于住房。马智利和韩冰洋（2017）认为随着城镇化进程的发展，大量农业人口转移到第二、第三产业中，成为城市流动人口。城市住房供给有限，住房供不应求势必导致房价居高不下。同时，陆铭和向宽虎（2014）发现我国房价的高涨在很大程度上与不断推进的城镇化进程有关，并导致我国房价收入比偏高于发达国家，房价高涨不下将会加大流动人口在城市的定居成本，反而阻碍人口城镇化。

20 世纪 90 年代以后，家庭化迁移开始成为人口迁移中的一个重要特征（周皓，2004），家庭化迁移比率呈现出逐年上涨的趋势。对于中国家庭化迁移的研究也正是始于 20 世纪 90 年代。现阶段的家庭化迁移仍以核心家庭成员的共同迁移为主，不仅是为了个人的发展，更是基于为下一代提供更好生活环境的现实考量（宋旭光 等，2019）。因此，除了研究家庭化迁移的直接影响因素外，大部分的研究集中于对子女随迁的影响因素分析。目前，大部分文献都是从两个方面来研究流动人口子女随迁的影响因素，即内部家庭影响因素与外部环境影响因素。

从内部家庭影响因素来看，Mincer（1978）指出迁移行为的净收益决定着家庭的迁移决策。由于区域发展不平衡的存在，人口及劳动力的流动主要是从不发达地区流向就业机会更多、收入更高的发达地区，经济激励是人口流动的主要推动力量之一。但是子女随迁会使得流动人口家庭面临在流入地消费增加、居住成本上升等经济压力，在经济条件受限的情况下，子女随迁的概率更小（胡霞 等，2016；Sai et al.，2016）。此外，父母的就业状态也会影响到子女随迁的概率，随迁子女的年龄通常较小，对父母的照料要求更高，随迁对于父母的劳动力市场参与率与参与强度都会产生一定的替代效用（李勇辉 等，2018）。一般而言，从事自我雇用职业的流动人口在工作时间上更具弹性，可以更好地兼顾工作与家庭照料活动，会更倾向于让子女随迁（Carr，1996；Zhang et al.，2012）。从家庭和家庭成员的角度来看，家庭的社会资本、家庭结构、母亲是否迁移、父母迁移的时间等也都是影响子女随迁的重要因素（杨舸 等，2011）。由于我国流动人口内部还存在着新老代交替的现象，流动人口代际差异明显，因此，新代流动人口对于子女随迁的决策也与老代迁移决策存在一定的差异（李文利 等，2019）。

外部环境影响因素对子女随迁的影响主要集中在城市的公共服务方面。流动人口的子女都还未进入生产领域，他们与父母一起迁移往往都是为了培育更高的人力资本，因此，不同于父辈的以经济利益为驱动的迁移行为，流动人口的子女往往更在意城市给他们提供的公共服务，而这些城市的公共服务通常又附着在城市户籍之上（Kuhn et al.，2015），流动人口往往无法享受城市户籍所带来的公共福利，这将进一步增加家庭的流动成本，从而制约家庭化迁移行为（刘欢 等，2019），因此，城市的落户门槛被视为影响流动人口子女随迁的根本性制度因素（Lu et al.，2016）。户籍制度对流动人口家庭化迁移的影响主要体现在三个方面：首先，城市的落户门槛提高，意味着城市的教育和医疗等公共服务对流动人口的供给门槛提高，城市对子女随迁的拉力作用减小（Chishti et al.，2015）；其次，已有大量文献研究表明城乡户籍制度的差异是导致城乡劳动力市场分割的主要原因，流动人口与城市人口在劳动收入上存在的较大差异，加剧了流动人口在城市生活的经济压力（Jin et al.，2014）；最后，在居住条件上，家庭化迁移会导致客观住房需求的上涨，但是流动人口在城市的居住环境呈现出产权边缘化、住房质量差、空间集聚封闭等特征（Coulson，1999；Schönwälder et al.，2009；Kempen et al.，1998），保障性住房能有效地推动流动人口家庭化迁移，但是当前安居型保障性住房主要以城镇中低收入家庭为保障对象，对流动人口的供给还缺乏有效性（Lin et al.，2014；李勇辉 等，2019），使得大部分流动人口与城市人口存在着居住隔离（Shen et al.，2017）。

（3）保障性住房与土地城镇化

住房问题与城镇化的发展是密不可分的，对保障性住房与土地城镇化的相关研究多是探讨保障性住房与土地城镇化的协调发展问题。由于城市可供利用的土地资源有限，城镇化过程中住房建设用地的供给渠道主要有两个：一是强制征收农村集体土地作为城市建设用地；二是在现有城市土地上进行二次开发，如房屋改签（苟兴朝，2015）。由于土地资源的稀缺性以及我国 18 亿亩土地红线的约束，城镇可供进行住房开发的土地是有限的，同时还会受到经济效益、技术水平等因素的影响，这也导致土地利用的问题成为城镇化进程中的重中之重（杜函芮等，2019）。我国农村地区土地使用效率普遍较低，闲置土地也较多（刘彦随，2011），土地城镇化的发展为我国城镇保障性住房的建设提供了可用的土地资源。在土地城镇化的推进下，农村土地逐步整改为城镇土地，导致城镇土地面积逐步扩大（桂华，2018），快速的土地城镇化发展为保障性住房的发展提供了大量可用的土地资源。

土地城镇化对保障性住房建设的推动作用还体现在保障性住房的选址上。保障性住房在选址方面与商品住房也存在明显的差异。商品性住房大多选择建在基础设施完善、商业发达和交通便利的中心城区。保障性住房是由政府主导的不以营利为目的的福利性住房，因此在选址上都依赖于政府相关部门的决策。从现实情况来看，保障性住房大多选择建在城郊地区，交通不便且基础配套设施不健全（陈淑云 等，2014；郑思齐 等，2016），有利于节省用地成本，同时推动土地城镇化的进一步发展。保障性住房的土地由政府以无偿划拨的形式供给，在土地财政模式下，地方政府更愿意将有限的中心城区土地出让给房地产开发商，以获得高额的土地出让金，选择较为偏远的地区建立保障性住房更有利于节省用地成本（胡吉亚，2019）。同时，在郊区建造保障性住房可以帮助政府通过行政手段将农村用地转化为相关项目用地，又能进一步推动土地城镇化的进行（熊鹰 等，2019）。另一方面，将保障性住房建设在城郊地区，可以带动周围农村地区的经济发展，吸引农村人口向城镇转移（毛丰付 等，2016）。但是，从整体上来看，当前我国保障性住房的建设要滞后于土地城镇化。

2. 城乡产业空间布局

工业和农业之间的有机联系是一个经济社会发展的基础，但两者之间存在明显的差别。农业生产受限于自然条件，生产效率较为低下，其生产方式呈分散化特征；而工业生产依赖于人与人之间的分工协作，生产效率更高，表现为社会化大生产。农业和工业的差异决定了农村以农业生产为主，而工业则更适合在要素密集的城市发展，由此也导致了城市和农村之间的产业结构分化。恩格斯曾指出，城乡两元对立的根本原因在于农业分工水平落后于工业。但农业与工业之间并非是对立关系，以农业支持工业，工业带动农业，两者优势互补、共同发展便构成了城乡融合发展的经济基础。随着第三产业在城市的发展，在城市中生产成本的上升促使工业向农村转移的同时，也给农村地区带去了现代化的生产方式和机械技术，极大地改变了农业生产力和生产关系，农业从传统生产方式逐步转向现代化。农业生产效率的提高使得农村剩余劳动力从农业生产中解放出来并流向第二、第三产业，实现了从农业劳动力到产业工人的转变，大量农业劳动力支持着工业和服务业的发展，同时获得了比农业作业更高的收入，社会实现了帕累托改进。因此，农业和工业之间的协同发展是经济社会发展的必然，基于产业发展的经济规律，合理规划产业布局，充分发挥工农业的资源优势，推动第一、二、三产业之间互补互促和共同发展，是实现城乡融合的经济基础。

得益于相关农村产业发展政策，工业和服务业在农村地区发展迅速，农产品加工和乡村旅游成为推动农村经济的强大动力，取得了良好的经济效益。但总的来看，相关产业在城乡之间的分布并不均衡，工农业之间互哺互促的局面尚未形成，农业与非农业之间尚有进一步融合的空间。同时，由于城市集聚效应的存在，我国工业和服务业大都分布在城市，在农村地区发展十分滞后，农村产业仍然是以传统农业为主。一方面，相对于工业制造品，农产品的保质期较短，生产地和销售地分隔，更容易出现产销脱节。另一方面，农业生产设备落后，产业精细化程度不足，同时，农村金融服务业等发展滞后，农业生产难以获得金融贷款支持，加之农产品市场存在激烈的同位竞争，都增大了农业经营风险。满足农村、农业、农民的发展需求，是实现城乡产业融合的重要条件。

3. 城乡要素自由流动

城乡之间资源禀赋差异是城乡融合发展过程中需要考虑的因素，资本和劳动力是经济发展的两个主要生产要素，其他重要的生产要素还包括土地（指包括土地在内的所有自然资源）、科学技术等。但生产要素的空间分布并不均匀，资本和技术主要集中在城市，而劳动力和土地更多地分布在农村地区。经济发展是质与量的结合，所追求的是产量最大化和成本最小化，而假设前提是生产要素在区域和行业间的自由流动，倘若生产要素流动受阻，城乡融合发展就无从谈起。充分利用城乡的优势资源，推动城市的资本、科学技术和人才等要素流向农村，同时，为城市的发展提供农村土地资源和劳动力，消除城乡病态是实现城乡融合发展的必然要求。

然而，要实现城乡间生产要素的自由流动，首先需要解决两个主要的问题。一是城乡要素资源流动不对称。长久以来，城乡要素间的流动大多是以农村农业资源向城市工业的单向流动为主，为城市的发展提供物质条件和劳动力。而城市所富有的资本、技术设备、教育医疗、金融服务等却无法辐射到农村地区，无法为农村地区经济的发展提供支持。二是农村地区的自然资源（土地）缺乏流动性。农村集体所有制下的土地资源不可避免地存在产权和所有权不清晰的问题，加之市场机制缺位，资源流动性十分薄弱，配置效率低下。农民难以通过市场机制从中获益，只能望山兴叹。虽然现在中国农产品市场发展处于较高水平，但要素市场改革明显滞后，长期的城乡二元化格局导致城乡之间资金、土地和人才分配的严重失衡，优质农村资源向城市的单向集中仍没有逆转。因此，城乡要素间自由流动的前提是城乡要素市场的统一，包括城乡资本市场、劳动力市场和土地流转市场的统一，为此必须对当下阻碍城乡要素资源流动的金融制度、户籍制度和土地产权制度进行改革，消除城乡资源要素的市场准入门槛，使城乡要素平等地获得市场收益。同时，要引导城市的资本、技术、金融等资源向农村流动，加快农村工业和服务业的发展，提高三大产业的融合度。资本和技术在农村的集聚将有助于传统农业的升级，降低农业生产成本，提高农产品的附加值，从而增加农业经营收入，进一步缩小城乡收入差距。

4. 公共服务与基础设施

城乡公共服务差异存在已久，作为生产要素的集聚地和社会经济活动的中心，城市具有完善的公共服务制度和社会保障体系，而农村地区仍保留着自然经济特征，基础设施匮乏。尽管近些年随着社会经济的发展，在农村地区实现了医疗保障、义务教育和养老保险的基本覆盖，城乡公共服务差距有所缩小，但距离城乡公共服务均等化的目标仍有相当长的一段路要走，特别是在教育和医疗卫生事业方面。一方面，从教育经费、师资和教学条件等方面来看，城市占据了绝大部分资源，近四分之一的农村地区仍然没有幼儿园和托儿所，且农村地区的许多中小学环境和硬件设备较差，高素质教师缺乏，教育资源供给严重不足。另一方面，城乡之间医疗人力资源分配的差距扩大了。2018年，仅占国家医疗卫生机构3%的城市医院占有约80%的高科技医疗设备和完善的基础设施，且半数以上工作人员都接受过高等教育。但是，大多数农村基层医疗卫生机构医疗设备简陋老化，医疗人员能力有限，农村居民的医疗需求依然要依赖于城市的医疗系统，这也导致农村地区“看病难”现象时有发生。

城乡地区的基础设施建设水平差距同样巨大，许多农村地区的基础设施投入远远落后于城市，特别是在水利、电力、道路、房屋规划和网络通信等方面。同时，过去长时间的粗放型增长方式使得农村生态环境遭到破坏，这进一步限制了农村发展。近年来，随着乡村振兴战略的实施，国家不断加大对农村治理专项资金的投入，但从总体上看，农业地区的基础设施水平仍然低下，农村发展资金仍然有限，粗放式发展方式依然存在，农业化学制品和化学材料的使用缺少节制，农业生态污染仍然很严重。

1.3 研究思路与框架

1.3.1 研究思路

本书沿着以下思路展开研究：理论概述—政策演进—机理分析—政策效果评估—实证检验—政策建议。首先，基于城乡融合发展和保障性住房发展的相关理论，理解我国住房保障制度及城乡融合发展的内涵和构成，把握城乡住房融合的时代特征；其次，依据住房保障政策的指导思想和经济体制重要节点对我国住房制度改革历程和城乡融合发展历程进行阶段划分，对各阶段政策的主要内容和发展特征进行总结，梳理出新时期中国城乡住房体制改革逻辑；再次，基于现有的理论基础，梳理出保障性住房和城乡融合发展的内在机理，构建出保障性住房对城乡融合发展的理论框架体系，并且采用计量经济学分析方法对住房政策的保障效应与对城乡融合发展的促进效应进行评估和检验；最后，总结我国住房保障体系建设和城乡融合发展过程中的经验和不足，提出以促进城乡融合发展为政策目标的住房保障体系建设路径。

1.3.2 研究框架

根据整体研究思路，本书主要划分为9章，具体安排如下：

第1章：绪论。绪论部分首先从保障房与城乡融合现状出发提出研究问题，以住房保障和城乡融合发展的重要性为研究的出发点，从理论和现实两个层面明确本书研究的具体价值；其次，围绕本书的研究主题对国内外的前沿研究进行述评，了解相关研究的最近进展并明确本书可进一步突破的方向；最后，对本书的研究思路与研究框架进行简要阐述，以厘清本书的整体逻辑。

第2章：城镇化进程中城乡住房融合理论基础。本章是全书的理论基础，为本书后续的研究提供理论支撑。本章主要围绕三个方面展开：一是城乡融合发展的相关理论。从经典的马克思、恩格斯城乡融合思想出发，随着其演变和发展，形成列宁、毛泽东城乡融合思想，最后形成新时期下中国特色城乡融合思想。二是住房保障相关理论及研究进展。一方面对保障性住房的基础理论进行汇总与梳理，另一方面介绍保障性住房经济效应的最新研究进展。三是城乡融合的含义与时代特征。从我国住房体系构成的视角来理解城乡住房融合的含义与特征，系统总结城乡住房融合影响因素。

第 3 章：城乡关系变革与住房保障制度改革演进与逻辑。一方面，对新中国成立以来城乡关系从二元制城乡关系的形成、巩固、破冰、调整与重塑，再到全面建立城乡融合发展体制机制的发展与演进历程进行梳理；另一方面，以住房制度改革为逻辑，对我国住房保障制度的变革历程进行梳理与总结，进而确立新时期下中国城乡住房体制改革脉络，同时也为新时期下推进住房保障与城乡融合发展提供了逻辑主线。

第 4 章：保障性住房与城乡融合的机理研究。城乡融合层次丰富，不仅表现为非农就业，还表现为城镇居留，更表现为身份融合和社会经济地位提高，鉴于此，本章将主要从保障性住房与居住融合、收入融合、就业融合、社会融合四个层面，在保障性住房和城乡融合相关理论基础上，层层递进地讨论保障性住房促进城乡融合的作用机理，为后文实证研究理顺逻辑。

第 5 章：保障性住房的经济效应评估。本章对于保障性住房经济效应的探讨主要分为两个部分：一是保障性住房供给增加会提高收入分配的均衡程度，同时发挥收入再分配效应，对城乡间居民的收入差距起到一定的调节效应；二是保障性住房供给增加对住房市场的挤出效应与保障性住房政策成效的理论分析相对应，同时对保障性住房供给的经济效应进行了实证检验。

第 6 章：保障性住房对城镇化的效应评估。本章通过构建保障性住房影响城镇化的效应评估思路与评估方法，检验了保障性住房对城镇化的影响效果和作用机制，系统研究了土地财政区域差异性对保障房政策推动人口城镇化的影响。

第 7 章：保障性住房对城乡融合的促进效应评估。本章主要从两方面递进展开，首先分析保障性住房对农业转移人口家庭化迁移的效应，农业转移人口家庭化迁移不仅是对以人为核心的新型城镇化建设的思想体现，同时也是提高农业转移人口市民化意愿的重要因素。在明确保障性住房能有效促进农业转移人口家庭化迁移的基础上，进一步探讨保障性住房对农业转移人口家庭化迁移的内在作用机制。农业转移人口家庭化迁移是现阶段我国新型城镇化任务的“重中之重”，着重分析保障性住房对农业转移人口家庭化迁移的效应，可为我国住房制度改革和新型城镇化相关政策推进提供经验借鉴和政策依据。

第 8 章：新时期以城乡融合为政策目标的住房保障体系构建。根据相应的理论分析与实证检验，围绕“政府主导、多渠道保障、多要素与制度支持”构建住房保障体系。

第 9 章：城乡融合背景下保障性住房长效机制的政策措施。本章主要包括三部分：一是健全保障性住房的政策支持体系。二是优化保障性住房的管理运行机制，合理调配住房资源，构建贯穿保障性住房建、运、管的全阶段的保障性住房长效机制。三是加强保障性住房的配套支持力度，以户籍制度改革来优化资源配置，以优化城市结构来提升宏观环境，以健全城乡规划来核定保障范围，以增加社会保障支出来扩大补贴范围。

第2章　城镇化进程中城乡住房融合理论基础

2.1　城乡融合发展的相关理论

2.1.1　马克思恩格斯城乡融合思想

马克思、恩格斯认为随着人类社会历史不断发展与变革，城乡关系会呈现出由同一走向分离对立，最终达到融合发展的变化，指明了城乡融合发展趋势的必然性以及实现城乡融合的方法论，从而形成了系统丰富的马克思、恩格斯城乡融合思想。马克思、恩格斯对于城乡融合思想的合理设想可以从他们对共产主义社会基本特征的论述中看出：一是高度发达的生产力水平。实现生产力高度发达可以推动社会生产规模不断扩大，满足全体人民对物质资料的需求，维持社会可持续发展的需要，从而为城乡融合发展奠定物质基础。二是消灭私有制，建立公有制。实现城乡融合发展的重要条件之一是消灭私有制，变革旧式生产与分工关系，建立起社会主义公有制。在社会主义公有制下，全体劳动力会得到合理科学的分工，并且会根据个人劳动量获得合理公正的待遇，各项工作都不存在阶级分别，全体劳动力均以劳动联合体的方式发展生产力。三是促进工农业协调发展。《共产党宣言》中指出，实现工农联合、消除城乡差距是未来国家发展的趋势①。在社会发展中，工业、农业均占据着重要地位，农业支持工业发展，可为工业发

① 马克思，恩格斯．马克思恩格斯选集（第2卷）［M］．北京：人民出版社，1958.

展提供物质基础，必须加强工农积极互动，从而促进社会可持续发展。四是城乡文化和生活方式逐步实现同一。在社会发展中，城市和乡村的发展都发挥着关键的作用。乡村自然环境优美，乡风淳朴善良，但经济发展落后，基础设施和公共服务不健全；相反，城市经济文化比较发达，基础设施和公共服务较为健全，但环境质量相对较差。因此，城乡之间可以取长补短，相互融合，相互促进，共同进步。五是实现城乡之间人口均匀分布，人与自然和谐共处。社会未来发展趋势必然是城乡人口均匀分布的社会，并且会处理解决好由城市化和工业化发展造成的环境污染、资源浪费、城市病等问题，实现人与自然和谐相处和发展。六是保障全体人民能够实现自由全面发展。马克思指出劳动属于人的自由行为，因此，任何人都不能被迫劳动，并且任何人都具有自由选择劳动方式的权力。人不仅可以从事体力劳动或非体力劳动，还可以选择农业劳动或工业劳动，从而实现全体人民的自由全面发展。关于实现城乡融合发展的措施，《论住宅问题》中提出，城市资源短缺、交通堵塞、环境污染、人的畸形发展及住宅问题均是由城乡对立造成的，同时提出促进城乡人口均匀分布、推动工农业结合是实现城乡融合的重要内容①。《反杜林论》中提出建立劳动联合体，加深城乡间联系，引导人口、资源的合理流动，推动全体人民自由全面发展，才能促进城乡融合的实现②。与此同时，还应重视科技与教育对城乡融合的推动作用。

2.1.2 列宁城乡融合思想

基于当时俄国人口中的绝大多数为农民的现实国情，列宁对俄国的城乡关系问题给予了高度重视，特别就消除城乡对立问题展开了理论阐述及实践探索。列宁城乡融合思想的内容主要包括：一是加强城乡联系和实现工农联合。列宁高度重视城市发展的作用，认为实现工农融合，建立城乡之间的经济联盟，发展城乡之间的工农业经济是加强城乡联系的有力举措。二是依靠交通运输业发展推动城乡人口自由流动与工农业发展。列宁认为交通运输业对城乡、工农业发展具有重要作用，其中，铁路发展是加强城乡联系、工农业联系的重要方式，应当加快恢

① 恩格斯．论住宅问题［M］．北京：人民出版社，1953.

② 恩格斯．反杜林论［M］．北京：人民出版社，1999.

复俄国的水路铁路运输，同时推动交通运输工作的改进，从而推动俄国城乡经济文化协同发展、实现城乡间人口的自由流动。

列宁关于实现城乡融合发展的措施如下：第一，消灭土地私有制。较早时期，列宁提出了废除土地私有，实现土地国有，进而建立土地公有制的设想。列宁认为土地公有制可以改善农民的物质与精神生活，进而强化工农联盟，促进城乡融合的实现。第二，实现工农业融合。列宁认为大力发展农业和工业，才能够破除城乡之间的对立问题，实现工农业结合，才能构建工业与农业之间的和谐关系，最终实现城市与农村协同发展。第三，鼓励城市带动农村，推动市民化发展。其一，以城带乡加强城乡融合。在生产力不断发展的过程中，社会资本逐渐向城市集聚，城市成为社会的主导，城乡差距不断被拉大。列宁认为农村在区位、资源禀赋等方面均处于弱势地位，自然服从于城市的领导。鉴于此，为了消除城乡对立局面，城市理应充分利用其各方面的优势资源精准帮扶农村的各项事务发展。当时，俄国农村地区大力发展资本主义工业，不仅拉动了农村发展，也改变了一直以来城市与农村分离隔绝的状态，有力地促进了城乡间融合发展。其二，推动农业人口与非农人口融合，推进人口市民化进程。列宁指出“城市在政治、经济和文化等各个方面都优于乡村，所以只有乡村居民迁移到城市，才有可能改变城乡之间的差距”①，可见，实现人口市民化是缩小城乡间差距的重要前提。同时，列宁明确指出必须要实现城乡之间的人口融合才能推动城乡融合的实现。那么，必须要大力推进工业化、城市化发展，为广大农民提供就业机会和生活保障条件，才能真正消除城乡对立，实现城乡之间的人口融合。

2.1.3　毛泽东城乡融合思想

毛泽东城乡融合思想是马克思主义城乡关系理论中国化的重要理论成果，其城乡融合思想主要体现在城乡政治、经济、社会、文化及生态等各项领域。主要内容包括：一是城乡间政治的统筹发展。毛泽东深知农村是我国工人阶级的主要来源地，工农阶级的经济、社会地位相同，有着天然的联系，因此，毛泽东将工农联盟视为革命和建设的重要依靠力量，认为建立巩固工农联盟，能够加强城乡

---

① 列宁．列宁全集（第 2 卷）[M]．北京：人民出版社，1984.

之间的联系，促进城乡协同发展，强化巩固城乡工农统一战线。二是城乡间经济的统筹发展。实行农产品等价交换，促进城乡间经济互助交流、平等互利，通过工业化和城镇化拉动农业发展，进而实现城乡经济协调发展。毛泽东指出，应根据效率优先兼顾公平的原则，同时考虑城乡间的固有差异，对工农收入利益进行合理科学分配，实现全体人民共同享有发展成果。

毛泽东关于实现城乡融合发展的措施如下：第一，实施农村土地改革，切实保障农民权益。中国革命的根本问题在于农民问题，理应在城乡发展过程中将农民利益置于重要地位，国家可以通过减少农业税收，缓解农民的经济压力，激发农民的生产积极性，从而达到缩小收入差距、促进城乡融合发展的目的。第二，推动农业科学化、机械化发展，不断提高生产力水平。毛泽东指出，为了提高农业生产的效率与质量，增加粮食和原料的储备，必须推动农业向科学化、机械化发展，不断提高生产力水平。并且，领导干部要加强对农业的科学化管理，并注重相关人员的专业技能培养、知识方法储备积累。第三，推动农村剩余劳动力非农化转移。毛泽东针对农村人多地少的情况，提出以城带乡，促进农村剩余劳动力进行非农化转移的发展策略。为了尽快缩小城乡居民间的收入差距、提高农村转移人口的生活水平，毛泽东提出将城市化和工业化的重点变为“农业工厂化和公社工业化”，从而有效消化剩余的劳动力，促进农民向工人转化。第四，重视农村教育发展，促进城乡文化交流。毛泽东十分关注农村教育落后问题，指出要推动农村教育改革和建设，实现城乡教育资源合理配置，逐步改变城乡教育不平等局面，这对于缩小城乡间文化差距，推动城乡文化教育协同发展，实现城乡文化融合具有重要意义。第五，发展农村医疗卫生事业，提高农民身体素质。毛泽东提出设立卫生机构、建立公共澡堂和公共食堂等基础设施，还鼓励建立公费医疗制度。这些措施均大力推动了农村卫生条件的提高，促进了农村卫生事业的发展。第六，大力发展社会保障事业。1956 年，毛泽东制定了农村五保制度，这项制度有力保障了农村困难群众的基本生活；建立了全国统一的“税收基准”，降低农业税率，合理界定纳税范围，缓解农民的税收负担，并通过实施多种增产措施，发展农业生产力，从而提高了农民的收入、改善了他们的生活质量。

2.1.4 新时代中国特色城乡融合思想

中国共产党在坚持马克思列宁主义城乡关系理论、毛泽东城乡关系思想的基础上，结合我国不同时期的国情和社会发展的现实需求，对城乡关系不断进行调整与创新，从邓小平提出的“工农互支、城乡互动”的城乡关系，再到21世纪以来的“城乡统筹”“城乡发展一体化”的城乡关系。新时代，党的十九大报告提出“城乡融合发展”，标志着我国城乡关系进入了新的发展阶段。以习近平同志为核心的党中央领导集体提出要从搭建体制机制和完善政策体系方面推动城乡融合发展，形成工业和农业相互帮扶促发展、城市和乡村相互支持促进步的社会共同繁荣的新局面，将城乡关系提升到了城乡融合的新高度。

首先，建立促进城乡资源要素合理配置的制度保障。由于我国城乡二元体制的长期存在，农村与城市一直处于割离状态，导致城乡之间的要素如土地、人口、资金、技术等难以实现自由流动和平等交换。实现城乡资源要素融合是促进乡村振兴、实现城乡融合的重要前提，那么，必须要打通城乡资源要素流动的渠道，形成资源要素双向自由流动及汇集自如的健康循环。习近平提出应废除阻碍人力资源、劳动力、资本等生产要素在城市和农村之间自由流动、合理配置的一系列制度障碍，保证要素流动符合正常的市场规律，也提出了促进城乡要素合理配置，尤其是推进城乡要素平等交换及公共资源均衡配置等具体制度措施。例如，保障农民工同工同酬，保障农民工土地增值收益公平分配；引导社会资本参与农村建设，并鼓励企业和社会组织在农村开展各项事业；促进城乡义务教育资源均衡配置，整合城乡居民基本养老保险、医疗保险制度，统筹发展城乡最低生活保障制度，推进城镇基本公共服务发展实现常住人口全覆盖，逐步将进城落户农民完全纳入城镇住房和社会保障体系。习近平高度关注人才在城乡间的双向自由流动，指出为了实现全面建成小康社会的奋斗目标，必须建立起一支宏大的高素质的人才队伍。对此，必须要大力破除人才瓶颈制约，建立健全城市人才入乡机制来鼓励引导优秀人才支援农村发展。在2019年中央全面深化改革委员会第六次会议上，审议通过了《关于鼓励引导人才向艰苦边远地区和基层一线流动的意见》，意见指出要为人才到艰苦边远地区和基层一线创业打造平台，进一步完善人才培养和激励保障机制。并且，应当制定相应财政金融等各项制度保障吸引资金参与农村建设。一方面，充分发挥财政资金的带动作用，引导金融资本、社会资本流入农村地区；另一方面，建立健全农村的金融服务制度，鼓励乡村就业创业。推动城乡间资源要素自由流动，不仅带动了农村各项事业发展，提高了农民生活水平，缩小了城乡发展差距，也实现了城市与农村之间取长补短、优势互补，推动了城乡协同发展。

其次，推动城乡产业融合支撑城乡融合发展。产业是经济发展的承载者，合理科学的城乡产业布局对于加强城乡之间的密切联系具有重要作用，因此，城乡产业融合是实现城乡融合发展的重要支撑。恩格斯指出造成城乡分离对立的重要原因之一是社会分工导致城市和乡村从事不同类型的经济活动，因此，在工业布局方式上，应当根据工业自身发展的需求来进行规划布局，使得工业合理分散在全国，并且，应加强工业生产和农业生产间的密切关系，从而逐步破除城乡间对立分离局面。2017 年党的十九大报告和 2018 年中央一号文件，以及 2019 年发布的有关城乡融合的重要指导文件中，均多次强调要大力促进农村产业的融合发展，建立支持产业融合发展的体系。

最后，构建城乡融合发展的体制机制和政策体系。长期固化的城乡二元结构严重损害了农村农民的利益，制约了城乡关系的和谐发展，阻碍了城乡融合进程。在十九届中共中央政治局第八次集体学习讲话中，习近平强调："要走城乡融合发展之路，向改革要动力，加快建立健全城乡融合发展体制机制和政策体系，健全多元投入保障机制，增加对农业农村基础设施建设投入，加快城乡基础设施互联互通，推动人才、土地、资本等要素在城乡间双向流动。"现阶段，我国必须加快破除长期存在的城乡二元制度，推动城乡之间要素自由流通，实现城乡居民之间权力和保障均等，促进城乡居民收入和生活质量稳步提高，平等共同享有社会发展成果。在构建城乡融合发展的体制机制和政策体系的过程中，必须将重点放在资源薄弱、发展缓慢的农村地区，加快推进农村基础设施建设以实现城乡基础设施建设均衡，扩大农村公共服务覆盖范围以推进城乡公共服务均衡，健全农村多元化投入保障机制以构建均衡的国家投入保障机制。其中，土地与农民、农业发展的关系最为密切，要立足于农民利益，改革完善现有包括农村承包土地制度、农村宅基地制度在内的农村土地制度，加快建立集体经营性建设用地入市制度等。户籍方面，应当加快户籍制度改革，取消不合理的城乡二元户籍制度，建立城乡统一户口登记制度，为推动人口在城乡间自由流动提供制度保障。

2.2　保障性住房的相关理论

2.2.1　保障性住房基础理论

1. 马克思的社会保障理论

马克思的社会保障理论是在需要理论、国民收入分配和再分配理论的基础上衍生出来的。最初，马克思提出的需要理论将人的需要划分为三类即自然需要、社会需要与精神需要。自然需要指的是生存或生理需要，也称为直接需要，衣、食、住、行就属于自然需要的范畴，是人类的最基本需要，也是开展其他活动的前提条件。其中，住房是满足人类生存发展中必不可少的基本居住需求的物质资料，解决住房问题、提高居住水平是人民生活水平提高的重要体现①。马克思的需要理论、国民收入分配和再分配理论均为政府的住房保障工作建设提供了重要的理论支撑。马克思指出，劳动所得可以认为是劳动产品，集体的劳动指的是社会的总产品，第一次扣除是指要扣除社会总产品中的劳动所得部分，用于弥补已消耗的生产资料、扩大再生产的追加投入以及处理自然灾害和突发事故的后备金或保险基金。马克思提出的第一次扣除就是如今国民收入的初次分配。马克思提出的第二次扣除主要体现在养老、教育、卫生、公共福利以及对贫困人民的救济上，也就是国民收入的再分配②。住房保障问题是民生建设工作中的基本问题，马克思提出的六项扣除学说是建立社会保障制度的重要理论基础，因此，马克思的社会保障理论为国家保障性住房建设提供了基本理论依据。

2. 福利经济学

福利经济学最早形成于 20 世纪初的英国，其创始人庇古提出了福利经济学的两个主要问题：一个是社会生产资源最优配置问题，另一个是国民收入分配均等化问题。首先，对于社会生产资源最优配置问题，庇古认为可以鼓励实行自由竞争，在自由竞争下可以使得边际社会纯产品与边际私人纯产品相等，从而达到社会经济福利最大化目标；其次，对于国民收入分配均等化问题，庇古指出国家

① 马克思、恩格斯．德意志意识形态（节选本）[M]．北京：人民出版社，2003.

② 马克思，恩格斯．马克思恩格斯选集（第 3 卷）[M]．北京：人民出版社，1995.

社会福利是通过收入转移和补贴的方式实现的，具体的转移途径则是通过税收来实现，即国家向富人收税再补贴给穷人，补贴不仅仅包括货币性补贴，还包括建立各种社会服务设施，提供公共服务和社会保障如免费的医疗、优质的教育资源及住房保障等。庇古始终强调房屋供给是建设福利国家的重点内容之一。可见，福利经济学为社会保障制度的建立奠定了重要基础。

3. 公共物品理论

国内外关于公共物品理论的相关文献，主要从供给和需求两个层面对公共物品的概念进行界定。从供给层面，公共物品和服务带来外部性的同时，还可能造成“搭便车”“公地悲剧”等问题，因此，公共物品和服务须由政府主导供给，政府职能决定了公共物品供给的广度和深度。从消费需求层面，与私人物品相区分，公共物品是指具有“非竞争性”和“非排他性”的社会产品。进一步地，根据公共物品“非竞争性”和“非排他性”两个基本特征，衍生出纯公共物品和准公共物品的概念界定。其中，准公共物品是指具有有限的“非竞争性”和“非排他性”特征的公共产品，通常由政府和市场进行成本共担（蒙丽，2015）。保障性住房具有典型的“准公共物品”属性。首先，保障房建设用地是通过政府无偿划拨或协议划拨的方式获得，住房建设资金通常由政府财政收入作为托底，保障城镇中低收入人群以低租金和价格租住或购买保障房，从而解决其住房困难问题。从这个层面来讲，保障房具有有限的“非竞争性”或“非排他性”，属于准公共产品（踪程 等，2017）。其次，一方面，保障房作为福利性住房，在建设、运营和管理过程中不可避免出现政策执行低效甚至失效（张旭文 等，2020）、权力寻租和腐败（杨小静 等，2015）、“搭便车”现象（蒋和胜 等，2016）等政府失灵问题；另一方面，土地财政模式下地方政府对保障房建设的积极性不足，保障房建设缺乏有效的土地供给和资金投入支持，导致保障房的供给总量和结构难以满足中低收入群体旺盛的住房需求。因此，在单一的政府供给保障房模式难以满足中低收入群体日益增长的住房需求的情况下，应当积极引导企业、集体以及社会组织进入保障房建设领域，逐步实现保障房多元主体供给。

4. 住房梯度消费理论

在马斯洛需求层次理论中，住房属于需求金字塔最底层的生理需要，毫无疑问，住房是满足人们基本生活需求的必要消费资料。无论是市场提供的商品房还是政府提供的保障房，都没有改变住房作为消费品的属性，因此，消费经济学也为住房保障理论发展提供了良好的理论借鉴。消费经济学主要分为两个流派。一是马克思的消费理论，主要确认了住房作为重要的生活消费资料的性质，并且对消费在社会再生产中发挥的作用，以及消费与生产、分配、交换的关系进行了详细阐述。二是西方的消费经济学理论。西方的消费经济学理论较为关注收入对消费的影响研究，典型的有，凯恩斯的绝对收入假说、杜森贝的相对收入假说、莫迪利安尼的生命周期假说及弗里德曼的持久收入假说，上述理论从各类视角对收入影响消费函数展开了分析。在消费经济学中，住房梯度消费理论为住房保障理论奠定了基础。相比于普通商品，住房具备与梯度消费相契合的基本特征，如价格高、折旧期长、档次多等。住房梯度消费理论的观点是，消费者会在综合考虑自身的经济实力、偏好、能力后，再决定购买何种类型、档次的住房。实际上，政府在提供保障性住房的过程中也遵循了梯度消费理论，如为最低收入者提供廉租房，为低收入者提供公租房，中低收入者可购买限价房或经济适用房。因此，住房梯度消费理论也是适应我国居民多层次住房需求，推动保障性住房发展的重要理论。

5. 住房供需均衡理论

供需均衡理论是市场运行的基本理论，住房市场虽然具备其独有的特征，但是住房市场某种程度上可以自发实现资源的有效配置，房屋的成交价格和成交数量最终是由市场所决定的。从短期来看，由于住房的建设周期较长，短期内的供给缺乏弹性，供给相对不变，此时住房的均衡价格由市场上的需求所决定。当市场需求过快增长，会导致住房的均衡价格提高，而当市场上的有效需求不足时，住房的均衡价格则会下降。从长期来看，市场有足够的时间来对需求做出相应的反应。当市场上的住房需求增加时，开发商会有意识地新建商品房，增加住房供给；反之，当市场上的住房需求较少时，开发商会降低对住房的供给。从短期来看，住房的供给会随着需求的变化而变化，住房市场总能以最优的价格和数量来满足消费者的需求，实现一般均衡。但在现实中，住房的供给并非仅仅是由需求决定的，还会受到许多其他因素的影响，例如土地供给状况、相关的政策法规以及住房开发成本等，从而造成住房市场中的供求失衡。一旦住房的供给受到其他因素的影响导致供给小于需求，住房价格便会上涨，中低收入家庭以及经济上处于不利地位的弱势群体会因购买力不足而导致不能实现最基本的居住需求，表明仅通过市场机制无法解决他们的住房问题。因此，解决住房问题需要从两方面着手：一方面，通过市场交易满足一般住房需求；另一方面，政府提供住房保障，解决中低收入居民的住房问题。通过市场和政府双重合作，才能实现住房市场的供需均衡，达到改善民生、维护社会稳定的目标。

6. 住房过滤理论

住房过滤理论起源于美国的社会学家伯吉斯和帕克在 20 世纪 20 年代研究芝加哥住宅格局时提出的同心圆学说①。一般而言，住房过滤理论是指随着住房的新建和老化，住房的使用价值和市场价值发生变化，高收入者住房需求层次提高，其腾挪出的现有住房可过渡给中低收入者继续居住。作为我国住房保障制度设计和完善的理论基础，住房过滤理论认为可以通过这种具有结构分层特征的住房供给市场，满足各收入阶层的梯次消费需求，从而实现住房市场供需平衡。在制定和完善保障性住房政策时，可以借助住房过滤理论为政府供给有效的住房保障提供基础理论依据。从住房保障方式来看，逐步由侧重“补砖头”为主的实物保障转向以“补人头”为主的房租补贴方式②；从保障房建设角度来看，政府可以合理利用存量住房，加快供给速度，降低投入成本，减轻财政压力；从保障房分配角度来看，住房过滤理论指出不同人群的住房需求存在较大区别，只有在充分了解把握保障对象的不同需求的情况下，才能做好合理的分配；从保障房退出角度来看，政府提供不同类型的保障性住房有利于保障对象的接续保障，层层退出，有利于保障房发挥过渡性住房的作用。

---

① 1925 年美国社会学家伯吉斯（E. W. Burges）和帕克（R. E. Park）等通过对美国芝加哥市的调查，总结出城市人口流动对城市功能地域分异的 5 种作用力：向力、专业化、分离、离心、向心性离心。同心圆学说指城市土地利用的功能分区，环绕市中心呈同心圆带向外扩展的结构模式，为城市地域结构的基本理论之一。

② “补砖头”是指采用实物补贴的住房保障模式，强调从供给的角度由政府直接（或间接）提供保障性住房；“补人头”主要是指货币补贴的住房保障模式，强调从需求的角度由政府向中低收入者提供补贴以提高居民在住房市场上的支付能力。在“补人头”模式下，货币补贴加速了各级住房市场的“过滤”速度，提高了租金水平，刺激开发商新建中高级住房，其他收入阶层会遭受到福利的损失。而在“补砖头”模式下，可以在短期内迅速地改善中低收入群体的住房状况，并且平抑房价，但是大量建造低等级住房会造成这类住房无法过滤，从而失去过滤链条。

7. 公平与效率理论

实现保障性住房的公平分配有赖于政府积极落实住房保障政策，这也是社会公平的重要内容之一。Hallett 和 Heady（1979）提出的“垂直公平”与“水平公平”已经成为一些国家制定住房保障政策的理论标准。“垂直公平”理论指的是当社会出现住房不平等的情况，政府可通过制定实施住房保障政策二次分配社会财富，确保低收入家庭以及弱势群体切实获得住房保障，从而实现社会福利共享，全体居民享有平等的权利。在推进住房保障政策实施的过程中，应当要以实现“垂直公平”为主，效率则是为了实现帕累托最优，但是帕累托最优仅仅是理想状态，是建立在众多假设的基础之上的，例如市场是完全竞争市场、任何企业都可以自由出入市场、商品差异性较小可以相互替代、市场上的信息完全公开等。现实中，由于公共物品、外部性、不完全竞争和信息不对称等因素的综合作用，将会造成帕累托最优无法实现，甚至会导致市场失灵现象产生。在这种情况下，必须依靠政府来对市场失灵进行干预。由于住房市场本身存在的固有缺陷可能会导致住房市场失灵现象产生，因此，政府需要制定实施住房保障政策干预调控住房市场，在住房保障政策制定过程中，必须同时兼顾公平与效率。

2.2.2　保障性住房的经济效应

现有关于保障性住房的经济效应的研究主要从宏观和微观两个方面来展开。从宏观角度来看，保障性住房的经济效应主要体现为收入再分配效应和对商品住房的挤出效应。从微观角度来看，保障性住房的经济效应主要体现为对家庭消费需求和消费水平的影响。

1. 保障性住房的收入再分配效应

现有文献对于保障性住房的收入再分配效应的研究并未得到一致结论。大部分研究认为，为中低收入群体提供保障性住房，在一定程度上属于政府对中低收入群体的转移性支付（Aaron，1971），使收入分配更加均衡，从而降低住房负担，解决中低收入群体的住房困难问题，即保障性住房供给具有收入再分配效应。保障性住房主要通过影响居民的财富总量和可支配收入产生收入再分配效应。首先，保障性住房供给会通过影响住宅市场供给，进而影响居民的财富总量，即产生财富效应。Dipasquale（1996）指出保障性住房供给增加会吸收住房市场的刚性住房需求，进而分流商品住房市场的部分刚性需求，造成商品住房需求总量下降，导致商品房价格一定程度的降低。保障性住房的保障对象主要为中低收入住房困难家庭，而保障房供给增加导致的商品房价格下跌将会在一定程度上对社会财富分配不均现象起到缓解作用，从而促进社会财富的再分配。其次，保障性住房供给及房租补贴通过将收入和财富由高收入群体向低收入群体进行再次分配，对缩小收入差距（Antoninis et al.，2001），降低社会基尼系数有重要作用。Frick 等（2010）通过对欧洲 5 个国家的住房保障政策效果进行检验，发现其保障性住房供给改善了整个社会的收入不平等现象。但是，也有部分研究认为，保障性住房供给和分配可能存在住房资源分配不公平（Tu，2003），导致“应保未保”“保不应保”现象的产生，从而难以实现有效的收入再分配，甚至还会加剧社会不平等，如 Lui（1997）通过实证检验发现，公共住房供给增加的收入再分配效应在统计上几乎为零，难以改善居民收入不平等现象。

2. 保障性住房的挤出效应

保障性住房在解决中低收入家庭的住房问题、吸收住房市场的刚性住房需求、提高社会福利等方面均具有极其重要的社会意义和经济意义，但是对于保障房与商品房之间的相互影响，现有研究仍未达成一致的结论。部分学者认为，保障性住房建设在一定程度上对商品房价格起到了抑制作用。保障性住房的建设不仅增加了住房市场的住房供给总量，同时，保障性住房的定价一般相对较低，也是中低收入住房困难家庭的“兜底”保障，因此，可以通过低价的保障性住房对高价的商品住房形成一定的替代和需求分流，达到抑制房价的作用，即形成对商品住房的“挤出效应”（李勇辉 等，2017；张鹤，2019）。进一步地，保障房对商品房的挤出效应大小也会受到住房需求弹性、住房自有率的影响。在保障房供给弹性不变的前提下，保障房对商品房产生的挤出效应大小会随着住房需求弹性的增加而减少。住房需求弹性越小，保障房对商品房的挤出效应越大（陈杰 等，2016）；而随着住房自有率的增加，保障房供给对私人住房投资的挤出效应越大（David，1989）。另一部分学者则认为，保障房未对商品房产生挤出效应。如 Eriksen 和 Rosenthal（2010）发现美国 LIHTC 计划对低收入家庭实施税费减免并未对新增市场住房供给量造成影响。同时，保障房供给增加反而还会进一步推动商品房价格。原因在于，保障性住房建设的土地需要政府以无偿划拨的形式供给，但土地是一种不可再生的稀缺资源，增加保障性住房建设用地供给会对商品房建设用地造成挤出效应，导致商品住房供给总量降低甚至住房供给总量降低，反而助推了商品住房价格进一步上涨（王敏，2018）。

2.3 城乡住房融合的含义与时代特征

2.3.1 城乡住房融合的含义与特征

城乡住房融合是突破城乡二元结构中的住房结构壁垒并逐渐实现城乡住房产权、市场制度一体化的过程，是城乡住房发展的核心。城乡住房的高效融合可以加速城乡要素双向流动，在一定程度上可以缩小城乡差距、提升城镇化质量。

20 世纪 90 年代初期，国务院发布《关于深化城镇住房制度改革的决定》，决定以货币化代替公房实物分配，按照政府、企业和个人共担原则，建立住房公积金制度，从而建立以商品房和经济适用房为主的多层次城镇住房保障体系。至此，我国住房制度市场化与社会化改革全面推进。此后的城镇住房体制随着我国经济发展不断地改革和完善，但一直以来，在我国农村地区实行一户一宅的宅基地制度，即农村住房无法在市场上流转，由居民自费建造，自行管理，政府保护农村居民的基本居住权利和住房财产权益。

城乡住房融合的基本特征是赋予农村居民、集体组织群众与城市居民同等的住房收益和处置权利，最终实现城镇和农村“同房、同地、同权、同价”。城乡住房融合主要涉及住房产权、市场以及制度三个方面，其中，城乡住房产权的融合是城乡住房融合的基础，住房市场的融合是城乡住房融合的主要内容，即在城乡住房权利融合的基础上实现城乡住房资源的流通与优化配置，而城乡住房制度的融合则在顶层设计方面给予农村集体与城市同等的制度保障。

2.3.2 城乡住房融合的影响因素

城乡住房融合的影响因素主要分为产权、市场和制度三个层面。在产权融合方面，我国的城市房屋已经拥有全部所有权，但是城市可负担住房、农村住房以及农村“小产权房”的所有权问题仍然存在。同时，城市经济适用房存在所有权不清晰、不完全和不对称等问题，地方政府对于经济适用房的建设管理缺乏激励。对于这些问题的解决，学者们的意见大体一致。黄日生（2015）和卢平（2013）指出小产权房问题的关键在于产权的确定。赵之枫等（2011）认为农村住房产权问题解决的关键在于赋予农民完整的住房产权，使农民住房获得财产化收益。厉以宁（2010）指出赋予农村居民房屋财产权，实现农村宅基地、土地的两权分置是城乡改革的重点。同时，城乡住房市场的融合有助于城乡住房产权问题的解决，其中，农村住房市场的建设至关重要，如何引导农村无形住房市场向有形市场的转变，保证农村住房市场与城市住房市场有效衔接，对于实现城乡住房融合具有重要的现实意义。建立开放、竞争、有序、统一的城乡土地市场有助于城市资本、技术等要素和农村土地、劳动力等要素的合理流动，不仅可以为城市提供进一步发展所需的空间和土地资源，还能为农村的发展提供必要的资金和技术支持，进而实现城乡住房市场的融合发展。在制度融合方面。由于当前我国农村住房制度存在问题，农民的房屋产权空置，这在很大程度上约束了农村居民从房屋租售活动中获得财产收入，使得宅基地交易的市场、范围和方法均面临制度约束。由于现有的城市住房体系无法解决大量人口从农村进入城市的住房问题，因此，构建城乡一体化住房体系很有必要。城乡非农建设用地市场体系由分割向一体化的过渡，可以提高社会福利总体水平，激励政府进行制度创新，最终实现城乡非农建设用地的转化和市场的整合。

第3章 城乡关系变革与住房保障制度改革演进与逻辑

3.1 中国城乡关系发展历程与演进

新中国成立70年来，城乡关系随着国家发展战略和国家治理重心的不断调整，从新中国成立初期作为支持中国工业化发展的政策工具，到以乡村振兴为主要内容作为实现中华民族伟大复兴的重要一环，城乡关系变迁呈现阶段性特征，但总体而言，城乡关系朝着逐步实现城乡融合发展的方向调整。对城乡关系70年来的发展与演进，将其划分为四个阶段进行理解：城乡二元分割制度形成与巩固阶段（1949—1978年）、城乡二元分割制度破冰阶段（1978—2002年）、新世纪初城乡关系调整与重塑阶段（2002—2012年）、全面建立城乡融合发展体制机制阶段（2012年至今）。

3.1.1 城乡二元分割制度形成与巩固阶段（1949—1978年）

20世纪50年代新中国成立初期，面对国际环境对新政权的威胁和国内经济发展百废待兴的局面，为了快速实现赶英超美，新中国制定了重工业优先发展战略，推动经济增长点向工业聚集。作为资本密集型产业，重工业发展需要大规模的资本原始积累，中国政府选择以“农业养育工业、农村支持城市、限制农民在城乡之间自由迁徙”的城乡关系作为政策工具，集中资金。

城乡经济二元制度和城乡社会二元制度共同构成了这一阶段的城乡关系。具体而言，一方面，中央政府通过设置工农产品剪刀差、农产品统购统销制度以及农业集体化经营制度三大基本制度作为财政手段，获取农业剩余。其中，工农产品剪刀差是指通过抬高工业品价格、压低农产品价格的方式，获取农产品收益并将其转移到工业。农产品统购统销制度作为工农产品剪刀差的辅助政策工具，是指由国家统一采购和销售农产品，阻断私商购销农产品以获取收益的渠道。农业集体经营制度则以人民公社化作为最高实现形式，划定了纳入统购统销范围的农产品品类。这三项制度构成了城乡经济二元体制的核心内容。另一方面，限制农民在城乡之间的自由迁移构成了城乡社会二元体制的核心内容。事实上，新中国成立初期，中国并未限制城乡人口的自由迁移，且在赶英超美优先发展重工业的战略推动下，工业发展吸引了农村人口短时间内大量向城市迁移，尤其是“大跃进”期间，农村人口向城市集聚数量达到顶峰。但是，由于城市工业发展对农业劳动力的吸纳能力有限，新中国成立初期城市人口急剧膨胀导致物资供应紧张，人民生活水平下降，就业问题凸显。同时，农业劳动力流失导致城乡经济二元体制受到冲击，削弱了农业为工业发展提供资金积累的能力。两方面因素共同催生了限制农业人口自由流动政策，相关政策从“在农村的不要再迁入城市”到“动员黑人黑户回乡”层层加码。1958 年《中华人民共和国户籍登记条例》颁布，正式建立城乡户籍制度，将农村、农业、农民三者紧紧捆绑在一起。

新中国成立初期的城乡关系不仅是工业化发展战略的政策工具，从福利分配角度来看，也是社会福利和财富的分配工具。首先，在赶英超美的工业化发展战略下，农业价值被工农产品剪刀差所攫取，作为实现工业化发展的原始资本积累，同时，财政支出中用于“三农”发展的比重也较低，财政资金投入偏向于城市建设，偏向于工业基础设施建设，“三农”发展的基础设施建设不充分，导致农业产业总产值增加缓慢，“三农”发展迟滞。其次，在计划经济体制下，政府严格按照计划配置城乡资源，农民被锁定在农村，按照政府规定进行劳动生产，向城市提供基本生活资料，为工业化进行资金积累，拥有很少的私有财产。最后，在二元分割的城乡关系基础上，城市和农村福利制度迥异。城镇居民就业者及其家属的福利制度主要来自单位福利，对居民进行从摇篮到坟墓的福利保障；而在人民公社制度下，农村居民福利主要依托于集体福利，覆盖范围较广，包括医疗、教育、文娱等项目，但福利标准较低，难以支撑农民基本生存发展以外的其他需求。

3.1.2　城乡二元分割制度破冰阶段（1978—2002 年）

城乡二元分割制度破冰的关键举措是家庭联产承包经营和允许农业劳动力进城务工。在公社化管理时期，农业生产、农村社区和农民受到严格管制，“三农”发展缺乏内部和外部激励。在“三农”发展几乎停滞的背景下，安徽凤阳小岗村的 18 个“红手印”打响了中国农村的大变革，小岗村通过一年大包干开启了翻身的积极探索。从 1978 年到 1980 年，全党对包产到户的认识每年都有新变化。1982 年《全国农村工作纪要》正式出台，这是中共中央第一个关于农村工作的一号文件，在全国范围内正式确立了家庭联产承包责任制。当年全国农业粮食产量同比增长 8.7%，农民收入同比增长 15%，家庭联产承包责任制极大地推动了农民生产的积极性，成为农业发展的内部激励。从 1982 年到 1986 年，中共中央相继出台 5 个“一号文件”，针对完善社会主义经济生产责任制性质、土地承包期限、农产品统购统销制度、农村产业结构等问题，不断放活农村改革政策，成为推动中国农村经济发展、缩小城乡收入差距的强大动力。

随着农村改革的逐步推进，农业生产效率的提高在一定程度上产生了农业劳动力过剩的情况，但限制农民进城的政策尚未松动。面对农业过剩劳动力进城务工的冲动，1981 年国务院明确指出要采取严格措施控制农业劳动力进城务工①，引导农业剩余劳动力探索多种形式经营。在农村大搞多种形式经营的形势下，乡镇企业发展迅速，吸纳了大量农业剩余劳动力，农民通过这种“离土不离乡，进厂不进城”的方式实现内转，在一定程度上缩小了城乡收入差距。20 世纪 90 年代后，邓小平南方谈话为中国市场化指明了方向，民营企业获得了更为宽松的市场环境，城市国有企业改革取得了较大进展，对农业剩余劳动力需求巨大，极大地推动了城镇化进程。在农民大规模进城务工的大趋势下，中央政府限制流动人口进城务工的政策不断放松，甚至出台了一系列政策措施，改善农村进城劳动力的就业和居住环境，推动农业剩余劳动力流动。在中国市场化改革进程中，农业劳动力的乡城流动限制被打破，农村劳动力通过“离土又离乡”的方式进城务工，进一步实现了自身收入的增长。但是，随着改革开放的不断深化，市场化程

① 资料来源：《关于严格控制农村劳动力进城务工和农业人口转为非农业人口的通知》。

度不断加深，改革的重心逐渐由农村转向城市，尤其是沿海城市。从1978年到1996年，政府对“三农”的投入占比总体呈现不断下降的趋势，农业经济发展后继无力。在这一阶段，城乡收入差距呈现先缩小后扩大的趋势。

在这一时期，政府对城乡关系的调整更多的是在计划经济时期农民生计艰难、求生存谋发展自发探索基础上的顺势而为，甚至在部分政策推进前，政府持否定态度，这是一种自下而上的政策变革。但总体来看，城乡二元分割制度破冰阶段，极大地扭转了“三农”发展滞后的境况，农产品市场化改革持续推进，农业剩余劳动力的乡城流动限制不断放宽，农村经济社会实现较大发展。然而，从社会福利角度而言，收入水平的提高并未改善农民及进行乡城流动的农业剩余劳动力的社会福利状况。原因在于：一方面，城乡基本公共服务投入体制的差异，城市公共服务投入主要来源于政府财政资金，而农村公共服务投入主要来源于集资、收费、罚款等制度外资金供给，财政资金投入占比较低。1994年分税制改革更是基本切断了中央政府对基层农村公共服务的资金投入，地方政府为了减轻财政负担，使得农村基本公共服务投入中来自地方财政资金的占比少之又少，基本依赖于制度外供给。而从改革开放到20世纪末，政府对“三农”投入占比的持续下降，进一步加剧了农村公共服务供给资金不足的困境，对农村医疗、教育、道路等基础设施建设造成严重负面影响，农村公共服务供给数量的缩减降低了农民福利水平。另一方面，尽管农业剩余劳动力乡城流动的限制不断放宽，但城乡户籍制度改革进展缓慢，乡城流动人口在流入地城市的就业、医疗、教育等方面受到诸多歧视，难以享受城市发展的社会红利。

3.1.3 新世纪初城乡关系调整与重塑阶段（2002—2012年）

进入21世纪，尤其是2001年加入世贸组织后，中国经济迅速融入全球经济发展浪潮，经济进入高速发展阶段，综合国力得到显著提升。面对持续扩大的城乡收入差距，中央和地方政府开始着手调整城乡关系，相关政策表述从“统筹城乡经济社会发展”“建设社会主义新农村”层层递进到“推进城乡一体化建设”，城乡关系调整方向逐渐清晰[①]，力图解决城乡发展失衡的问题。

---

① 2002年，党的十六大报告指出“统筹城乡经济社会发展”；2003年，党的十六届三中全会重提“统筹城乡发展”；2005年党的十六届五中全会明确提出“建设社会主义新农村是我国现代化进程中的重大历史任务”；2007年，党的十七大报告指出“建立以工促农、以城带乡长效机制，形成城乡经济社会发展一体化格局”。

围绕农民减负与增收的改革重心，中央和各级地方政府持续推进和深化涉农政策改革试验，通过加大对“三农”的财政资金投入来缓解城乡发展失衡问题。首先，农业税在中国发展至今，已经远远偏离了保障国家粮食安全、维持基层政权运转等初衷，成为农业发展的负担。从 2000 年开始，我国政府积极推进农业税费制度改革，以安徽全省农村作为试点地区，取消“三提五统”等税外收费、降低农业税和农业特产税。随后，试点地区逐步扩大，至 2005 年 12 月 29 日，十届全国人大常委会第十九次会议决定，自 2006 年 1 月 1 日起国家不再针对农业单独征税，从制度上实现减轻农民税费负担。取消农业税不仅减轻了农民负担，极大调动了农民生产积极性，也在一定程度上降低了农业生产对农民的锁定作用，促进农民工进城务工，推动了城镇化进程。其次，完善农产品市场交易机制，允许各类私营主体参与粮食购销，构建全国统一的农产品市场。打破农产品市场分割壁垒，推动各地区充分利用其农产品生产方面的比较优势，提高了地区资源配置效率，农民收入水平和幸福感得到极大提升。

劳动力市场一体化程度进一步提高，显著促进了农业劳动力转移。随着我国基本经济制度的确立，多种所有制经济蓬勃发展，为农民工提供了充分的就业机会，外出就业农民工在城镇劳动力市场中的比重从 1983 年的 1.7%不断攀升至 2012 年的 44%以上，成为促进我国经济发展的重要力量。随着农业劳动力数量的绝对减少，农业剩余劳动力数量难以满足城市用工需求，从 2004 年开始，中国东南沿海地区陆续、持续出现“民工荒”“用工难”现象。由供过于求到供不应求，劳动力市场与农业转移劳动力的供求关系出现根本性转变，推动了农民工工资水平的整体上涨，缩小了城乡之间、地区之间工资水平差异，进而推动了劳动力市场一体化进程。在流入地城市，针对农民工的就业政策、社会福利和保障政策进一步优化，尤其是住房分配制度和医疗制度的改革，降低了农民工在城市的就业和生活成本，极大地改善了农民工待遇，农民工在一定范围内享受到了城市基本公共服务。为了进一步打破城乡发展失衡的桎梏，我国开始尝试在小城镇[①]试点改革城乡户籍制度，并迅速在全国范围内的小城镇全面推进，不再限制农业户籍人口落户小城镇，允许已经在小城镇就业、居住并符合一定条件的农村

① 小城镇的范围限制在县（县级市）城区的建成区和建制镇的建成区。

人口在小城镇办理城镇常住户口，以促进农村剩余劳动力就近、有序地向小城镇转移，促进小城镇和农村的全面发展，维护社会稳定①。

在这一时期，“以工促农、以城带乡”成为“三农”发展的思路。最直接的表现为政府加大对“三农”的财政资金投入，除通过减免农民税负，补贴农业生产，打通农产品市场一体化通道为农民减负，促进农民增收外，地方财政对农村公共服务的投入也大幅度增加。2001 年，政府开始实施“两免一补”政策，缓解了农村贫困家庭子女义务教育难题；2003 年，农村合作医疗制度在部分县市试点实施，2010 年在全国农村基本实现人群全覆盖，甚至部分城市在 2007 年城镇居民基本医疗保险制度试点实施时，已开始探索建立城乡融合的城乡居民基本医疗保险；2006 年到 2012 年，农村义务教育经费保障机制改革由西到东逐步在全国范围内铺开，不仅降低了农村家庭子女接受义务教育的经济负担，还保障了农村家庭子女接受义务教育的权利，县域内教育水平整体得到提升，推进了教育公平进程；2007 年，农村最低生活保障制度在农村范围内全面建立；2009 年，政府开始试点实施新型农村社会养老保险制度，并在 2012 年基本实现了制度全覆盖。

总体来说，通过一系列涉农政策，农民收入水平、农村社会保障、农业基础设施等都得到了极大改善；城乡劳动力市场一体化体制基本确立，农民工工资待遇提高，并在一定范围内可以享受城市公共服务；小城镇全面放开城乡户籍管理制度，城乡发展失衡问题得到一定程度的缓解。但是，需要指出的是，城乡差距依旧显著，城乡户籍制度仍是制约城乡居民在就业、社会保障、基本公共服务等方面实现均等化的重要因素，城乡一体化进程仍在路上。

3.1.4 全面建立城乡融合发展体制机制阶段（2012 年至今）

新阶段，我国经济发展实现平稳较快增长，经济总量跃居世界第二位，综合国力大幅提升，但城乡居民收入差距依然较大，“三农”发展问题成为制约我国

① 1993 年，党的十四届三中全会明确要逐步改革小城镇户籍管理制度；1997 年，公安部发布《小城镇户籍管理制度试点改革方案》，响应十四届三中全会精神，分期、分批推开小城镇户籍管理制度改革；2001 年，国务院批转公安部《关于推进小城镇户籍管理制度改革的意见》，明确全面推开小城镇户籍管理制度改革。

经济社会发展，实现两个一百年奋斗目标的短板。2012年，党的十八大报告明确指出，必须加快完善城乡发展一体化体制机制，形成以工促农、以城带乡、工农互惠、城乡一体的新型工农、城乡关系。2017年，党的十九大报告进一步指出，要坚持“三农”优先发展，加快推进农业农村现代化，建立健全城乡发展融合机制和政策体系。从城乡发展一体化到城乡融合发展，国家解决“三农”问题的思路逐渐明晰，变革二元分割的城乡关系是实现城乡融合、发展“三农”的根本途径。在上一阶段改革的基础上，持续加大对“三农”的投入、深化户籍制度改革、积极推行城乡基本公共服务均等化成为政府变革二元分割的城乡关系的主要抓手。

首先，政府持续加大对“三农”的直接投入，改善农村农田水利等农业生产基础设施，极大地增加了农业生产便利度，改善了农民生活条件。同时，除政府财政资金投入外，2012年《中共中央、国务院关于加快发展现代农业进一步增强农村发展活力的若干意见》首次提出“鼓励和引导工商资本到农村发展适合企业经营的现代种养业”。此后，有关工商资本下乡的政策文件陆续发布，允许社会资本下乡投资兴业。因此，随着政府财政资金直接投入增加、工商资本和社会资本下乡，农村种植业、农机产业、农副产品等相关产业在农村发展如火如荼，为“三农”发展注入了活力，极大地推动了乡村振兴发展。

其次，在小城镇全面放开户籍制度的基础上，开启新一轮城乡户籍制度改革。由于现阶段直接全面放开户籍制度的条件尚不成熟，直接全面放开户籍制度很可能导致人口涌向大城市、特大城市，因此，国家现阶段主要采取逐渐剥离城市户籍附带的基本公共服务、社会保障等福利的政策。一方面，农业户口与非农业户口性质划分取消，统一城乡户口登记制度，农民变居民，一定程度上消除了由户籍带来的身份歧视，推动了城乡居民社区管理一体化和公共服务均等化。另一方面，全面建立居住证制度①，居住证持有人可以与本地户籍人口享有同等的劳动就业、基本公共教育、基本医疗卫生服务、公共文化服务等权力。农民工在流入地城市就业和生活的制度环境得到极大改善，幸福感、融入感显著提升。

① 2014年，国务院《关于进一步推进户籍制度改革的意见》提出“公民离开常住户口所在地到其他设区的市级以上城市居住半年以上的，在居住地申领居住证。符合条件的居住证持有人，可以在居住地申请登记常住户口。以居住证为载体，建立健全与居住年限等条件相挂钩的基本公共服务提供机制”。

最后，相对于流动人口，农村留守人口的基本公共服务待遇也得到了实质改善。2012 年，党的十八大报告提出，“加快形成覆盖城乡、可持续的基本公共服务体系，全面建成覆盖城乡的社会保障体系”。为贯彻落实十八大精神，构建城乡一体的公共服务体系，我国分别于 2014 年和 2016 年出台《关于建立统一的城乡居民基本养老保险制度的意见》和《关于整合城乡居民基本医疗保险制度的意见》，要求在全国范围内建立统一的城乡居民基本养老、医疗保险制度。此外，在教育方面，十八大以来一系列政策文件发布[①]，旨在改善与提高农村义务教育软水平、硬条件，相关文件指出，教育投入继续向贫困地区和薄弱环节倾斜，加强乡村教师队伍建设，统筹推进县域内义务教育一体化建设。统计资料显示，2017 年，农村普通中小学生生均公共财政预算公用经费为 2495.84 元，较 2016 年增长 3.9％，乡村小学教师专科及以上学历比例为 93.8％，初中教师本科及以上学历比例为 81.1％，农村义务教育整体发展成效明显[②]。

3.2 中国住房保障制度变革历程

3.2.1 完全福利化的住房供应（1949—1978 年）

经历民国房荒和内战后，新中国通过生产资料的社会主义改造，建立了生产资料公有制的社会主义社会。但是，由于受到“苏联模式”的影响，新中国成立初期我国实行高度集中的计划经济体制，政府严格按照计划配置土地、住房建设资金以及住房，城市地区严格禁止私人购建房，住房作为一种福利分配给职工及其家属[③]。在完全福利化阶段，尚无土地市场可言，国家建设基金中用于房屋建设的资金规模较小[④]，我国的住房保障体系受到的局限性较大，住房建设显著落

---

① 2015 年，国务院发布《关于进一步完善城乡义务教育经费保障机制的通知》；2016 年，国务院发布《关于统筹推进县域内城乡义务教育一体化改革发展的若干意见》；2018 年，中共中央、国务院发布《关于全面深化新时代教师队伍建设改革的意见》；等等。

② 数据来源：2017 年全国教育经费执行情况报告。

③ 本部分住房指城市住房，下同。我国农村宅基地制度变迁实质上强化了农民宅基地使用权，农村住房矛盾并不突出。

④ 三年经济恢复时期（1949—1952 年）和“一五”时期（1953—1957 年），国家用于住宅的投资分别为 8.3 亿元和 53.79 亿元，竣工住房面积为 1462 万平方米和 9454 万平方米，住宅建设投资占全国基本建设投资的比例为 10.59％和 8.8％。

后于实际需求，难以实现全民化的住房保障。加上城镇人口的快速增加，住房供应不足的问题也日益突出。

3.2.2　住房商品化改革初步探索阶段（1978—1998 年）

在完全福利化的住房供应政策下，我国城镇人均居住面积从 1950 年的 4.5 平方米下降到 1978 年的 3.6 平方米，缺房户 869 万户，占当时城镇总户数的 47.5%[①]。完全福利化的住房供应政策无疑与我国经济发展速度和人口增长模式不相匹配，需要探索新的住房供应政策模式。1980 年，改革开放在新中国进展得如火如荼，成为城市经济体制改革的重要组成部分，城镇住房建设、运营和管理制度提上日程[②]。一方面，土地制度的改革驱使土地要素开始尝试市场化配置，私人投资进入房地产领域；另一方面，国家放开了对个人购、建房行为的限制，公房配置方式逐步由实物分配向货币分配过渡，推进住房低租金制转向市场定价。住房制度的改革使得完全福利化住房制度瓦解，住房商品化程度不断加深。1994 年，国务院发布《关于深化城镇住房制度改革的决定》（国发〔1994〕43 号文件），首次在国家住房制度改革中提出了住房保障的问题以及建立市场和保障“双轨制”住房供应体系。1995 年《国家安居工程实施方案》实施，以安居工程为主要形式供应经济适用房，中低收入家庭作为保障对象，能以成本价购得经适房。

该阶段通常也被视为住房保障的探索阶段，住房保障的思想开始形成，但是在保障性住房建设和分配过程中还有许多问题没有解决，例如保障性住房的建设资金问题以及住房保障的标准，都没有形成一个完善的体系，因此在政策层面上缺乏可操作性，即使进行了住房制度改革，中低收入群体的住房保障问题依然严峻。

---

① 数据来源：http：//dy.163.com/v2/article/detail/CKQ9Q56E0523EO5O.html。

② 1980 年，邓小平同志在同中央负责同志的谈话中，针对当时全国普遍存在的住房难问题，做了重要讲话。他说：“城镇居民个人可以购买房屋，也可自己盖。不但新房子可以出售，老房子也可以出售。可以一次付款，也可以分期付款，10 年、15 年付清。住宅出售以后，房租恐怕要调整。要联系房价调整房租，使人们考虑到买房合算。因此要研究逐步提高房租。”邓小平同志的讲话虽然没有使用“住房商品化”的提法，但涵盖了住房制度改革的绝大部分内容。由此，城镇住房制度改革正式起步。

3.2.3 大规模住房商品化改革阶段（1998—2007年）

1998年，面对国内内需不足、产能过剩的状况，中央发布《关于进一步深化城镇住房制度改革，加快住房建设的通知》，决定自下半年开始停止住房实物分配，逐步实行住房分配货币化，标志着我国房地产业进入商品住房阶段。在1998年住房实行货币化分配后，我国逐步建立起以经适房、廉租房和商品房为主要内容的多层次住房供应体系。其中，以最低收入家庭为对象，提供廉租房，以中低收入家庭为对象，为其提供具有社会保障性质的经济适用房；以高收入家庭为对象，鼓励其购买商品房。同时，住房公积金制度持续推进的效果开始显现，居民住房可支付能力得到一定程度的提升。在经历了中国城镇住房商品化改革以后，中国房地产和住房投资取得长足进步，中国城镇住房面积也大幅增长，对中国经济的发展产生了巨大推动力。但是取消了福利分房以后，加上刚经历了国企改革的下岗潮，出现了房价与居民收入脱节的现象，由于整体经济环境的不确定性，使得城镇居民对于购房都持观望状态。

总体而言，这一阶段保障性住房制度已经基本形成，住房高度市场化，房地产业成为我国国民经济发展的支柱产业，商品房逐步取代经适房成为住房建设主体，而廉租房所占比例更小。尽管政府利用土地供应、金融、税收等各种手段对住房市场进行宏观调控，除了总量不足导致居民的住房需求得不到满足，保障性住房供给的结构性失衡也加剧了保障性住房的供需矛盾。面对保障性住房市场始终存在的阶段性和局部性的问题，我国仍需继续加快住房保障建设，增加有效住房供给，扩大住房保障覆盖范围。

3.2.4 中国特色的住房保障体系（2007—2017年）

面对亚洲金融危机对中国房地产业的冲击，1998年住房分配货币化改革极大地推动了国内需求，成为中央和地方政府救市的重要手段。2003年，国务院出台《关于促进房地产市场持续健康发展的通知》，将房地产业定位为国民经济发展的支柱产业，以经适房为主的多层次住房供应结构调整为以商品房供应为主，很大程度上挤出“保障性住房”，大多数家庭被推向商品房市场，导致房价高涨，中低收入群体住房问题开始凸显，住房问题开始演变为民生问题。因此，

2007 年国务院发布《国务院关于解决城市低收入家庭住房困难的若干意见》，要求加大保障性住房的建设力度，政府承担起住房保障责任，通过《廉租住房保障办法》《经济适用房住房管理办法》等一系列文件的发布，完善以经适房、廉租房和住房公积金制度为主要内容的住房保障体系，缓解我国城镇居民的住房问题。同时，随着房价攀升，房价调控成为住房市场建设的重要内容，主要通过限购等需求侧措施进行房价调控，甚至对房价控制不力的地区问责。

总体而言，在这一阶段，随着住房建设重心的回归，中国住房保障制度得到进一步完善，基本实现廉租房、公租房、限价房、经济适用房和各类棚户区住房改造的“五位一体”的多层次住房保障体系。随着城镇化进程的推进，城市流动人口规模进一步扩大、城市新就业人数不断攀升，住房保障范围逐步扩大。

3.2.5　新时代住房保障体系建设（2017 年至今）

目前，我国正处于新型城镇化建设和人口结构变化的关键时期，住房供需仍存在结构性矛盾，租售结构不合理，新就业职工、外来务工人员等新市民群体住房困难问题比较突出。据统计，城镇家庭户总数中还有 30%左右应纳入住房保障范围，这表明我国仍有 6000 万户家庭急需社会提供保障住房。但截至 2017 年底，我国保障性住房也仅解决了 2200 万户家庭的住房所需，住房市场的供需失衡导致我国住房保障缺口至少在 3800 万套左右（郭威 等，2019）。上述数据表明，房价持续上涨、保障房有效供给不足已经成为阻碍我国居民生活质量改善和经济体制转型的重要因素，保障性住房制度仍待完善。

党的十九大报告进一步提出，要建立“多主体供给、多渠道保障、租购并举”的住房制度，让全体人民住有所居。新时期住房政策主要通过调控房价和大力发展租赁住房市场两方面举措，以期促进房价理性回归，实现让全体人民住有所居的目标。在房价调控方面，各地政府根据本地实际，因城施策，纷纷采用限购、限贷、增加土地供应等举措作为行政手段遏制房价上涨。在租购并举方面，在人口净流入量较大的城市，大力发展住房租赁市场，积极推行共有产权房创新，从而增加住房供应，限制房价；作为培育住房租赁市场的重要举措，租赁住房证券化业务的发展确立了租赁住房在我国住房体系中的重要地位，推进了租购并举政策的落实。随着房价调控和租购并举政策的实施，我国住房市场规范化发展阶段具有以下特点：一是住房价格增长得到遏制，但是房地产业作为实体经济的重要组成部分，房价回跌将带来一系列金融风险，因而房价保持高位稳定；二是租购并举政策落实，推动了一线城市和热点城市住房租赁市场发展，增加了城镇住房供给，但旺盛的住房需求推高了租金水平，城镇居民住房难题由购房难向租房难转变。

在新时期的住房制度改革过程中仍然存在着新的问题，由于住房市场的分化和不平衡带来的利益分化导致住房制度改革难以实现帕累托改进，并且住房制度的改革还受到其他领域制度的约束，比如财税体系的改革等。

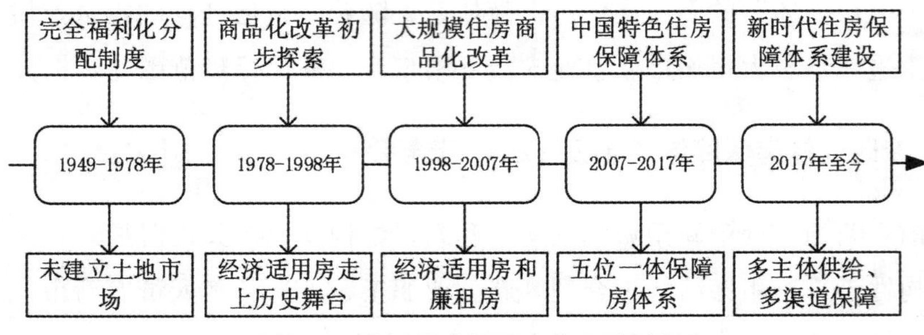

图 3-1　我国保障性住房的发展历程

3.3　新时期中国城乡住房体制改革逻辑

3.3.1　住房制度改革变迁与特征

1. 中国城镇住房体制的变迁与特征

新中国成立之初，我国的城镇住房体制主要参照苏联模式，住房建设资金主要由政府拨款，只有少数需自筹，并以福利分房的形式按计划分配，房屋所有权公有。由于改革开放后国内集中资源优先发展工业，投入到城镇住房建设的资金逐年消减，城镇住房供给短缺，改革开放以前我国城镇地区的住房制度，无法满足增长的城镇人口对于住房的需求，城镇住房紧张问题日益突出。为解决城镇住房紧张问题，缓解政府住房资金压力，我国自 20 世纪 80 年代开始启动城镇住房制度改革。1985 年发布的《城镇个人建造住宅管理办法》赋予了城镇个人建造住宅的权利，城镇住房逐渐从集体公共财产向个人私有财产转变。随后，在

1988 年住房制度改革会议上明确提出了“住房商品化”的城镇住房制度改革目标，意味着城镇住房私有化的实现，城市土地和住房的所有权和使用权开始分离，城镇住房制度改革全面展开。1994 年，国务院在《关于深化城镇住房制度改革的决定》中明确了居民拥有住房所有权和使用权，允许居民在住房市场上进行交易，放开了城市住房市场的准入门槛。在此基础上，1998 年国务院发布了《进一步深化城镇住房制度改革加快住房建设的通知》，宣告城市福利分房制度的破产，迎来了中国城镇住房货币化改革的新时期。随着城市住房制度改革的推进，城市住房市场也不断完善，不仅解决了城市住房紧张问题，为城市居民提供了更多的住房选择，还使得政府通过城市土地的出让获得了稳定且可观的收入，房地产开发成为地方政府财政收入的主要来源，土地财政也由此兴起。

一般来说，我国城市住房制度存在以下特征：(1) 住房商品化是我国城市住房制度的根本特征。从住房的开发到销售，再到售后都实现了相对充分的市场化，开发商和城市居民的需求都可以通过市场交易得到满足。(2) 政府对城市住房问题高度关注，并在整个生产流通过程中进行监督和干预。因为住房既是消费品也是投资品，从开发建设到销售都区别于传统商品。因此，政府在城市土地的建设规划、审批程序、房屋的建设和使用，以及在后续的维护环节中都建立了严格的干预和监督体系。(3) 安全问题。自置居所是市民最基本的要求，也是最重要的民生问题之一。在住房商品化改革带来高房价的情况下，政府非常重视低收入群体的住房保障。采取各种措施抑制房价过快增长，抑制投资性住房需求，打击非标准商品房销售，建设保障性住房。

2. 中国农村住房制度的变迁与特征

我国农村地区的住房制度主要以宅基地供给、农民自建为主。不同于城市住房制度的不断改革与完善，农村住房制度自新中国成立以来鲜有变化。一是新中国成立之初国家集中力量优先发展城市、优先发展工业的政策，导致农村地区缺乏发展资金；二是农村地区大多交通不便，基础设施配套不齐全，居民收入水平较低，不具备住房市场发展条件；三是农村土地归集体所有，土地流转受限。当前“农村住房制度”是一系列基于免费获取、无限期使用和村民自住原则的结合，但在法律层面上，严格意义上清晰、统一的“农村住房制度”框架仍未形成。随着经济体制改革的不断深入，对于农村宅基地制度的改革力度也不断加大，农民对住房和宅基地的处置权益得到了提高。

总的来看，我国农村住房制度的基本特征如下：（1）以宅基地供给制度为主。农村集体拥有宅基地所有权，但宅基地的使用权和住房所有权归农村居民所有。（2）农村住房无法在市场上流转，不具备商品属性，由居民自费建造，自行管理，自家使用。（3）各级政府不参与农村住房的统一建设，但保护农村居民的基本居住权利和住房财产权益，保持宅基地供给制度的稳定，并为农村居民提供基本公共服务。

3.3.2 新时期住房供应体系改革目标

目前，“住有所居”已经成为国内外保障性住房制度设计的目标。但是，在住房高度市场化的条件下，城市住房价格高涨，在“重购买轻租赁”的传统观念下，“人人拥有住房”的目标难以实现。因此，政府应处理好“人人拥有住房”和“人人有房住”之间的相互关系，实行双轨制的住房制度，以住房保障为托底，满足中低收入住房困难群体的住房需求，实现“人人有房住”的保障目标。新时期住房供应体系改革的具体目标如下：

1. 实现以政府为主导、社会参与的多主体供给

随着住房制度的变迁，我国住房制度重点逐步由以市场为主导调整为以保障为主导，突出了住房保障的居住属性和民生属性，更强调了政府在保障房供应中的主导作用，具体体现在保障房从建设到管理的全过程。首先，在保障房投资建设过程中，一方面，保障房建设用地供给主要通过国有土地行政划拨和协议出让获得；另一方面，保障房建设资金主要来源于政府的财政收入、土地出让金、住房公积金等。其次，在保障房建设、运营和管理全过程中，政府需建立高效的组织体系和监督体系，不仅负责实施和运行保障房制度，确保相关政策得以贯彻落实，更要对保障房建、运、管全过程进行严格监督，以提高保障性住房的有效供给。但是，保障性住房建设存在利润低、资金投入大且回收期长的特征，给政府带来较大的财政压力，需要建立激励机制和风险补偿机制，推动促进社会资金进入保障房领域。此外，随着我国农村集体经营性建设用地、宅基地入市和土地二级市场的不断发展，保障房建设用地供给逐步实现由政府垄断供给转向政府、企业、农村集体、社会组织等多元主体供给。

2. 扩大住房保障范围，提高住房保障受益覆盖率

在城镇化发展过程中，大量从农业生产中转移出来的农村劳动人口流向城市，造成城镇住房需求激增，进一步助推了住房价格上涨，带来低收入人群住房困难问题。流动人口尤其是农业转移人口，成为游离在住房保障体系和商品房市场的“夹心层”群体，在住房获得方面处于明显的弱势地位。一方面，在住房高度市场化条件下，房价高涨，远远高出了大部分农民工的住房可支付能力；另一方面，地方政府限于经济建设目标、人才竞争和财政压力，住房优惠政策和住房资源更多向高素质、高技能人才倾斜，将农民工纳入保障范围的扩容进程缓慢，即农民工面临来自住房政策的排斥。进一步，面对高涨的房价，除农业转移人口外，城镇户籍中低收入家庭、新就业无房大学生的住房需求缺口也持续扩大。因此，在集中解决最困难人群的住房问题之外，应根据家庭收入水平和住房条件，逐步将新就业无房职工、农民工等“新市民”群体纳入住房保障范围。随着住房保障政策的不断完善与保障性住房供给总量不断扩大，在“十三五”末实现保障性安居工程收益覆盖率达23%目标的前提下，由低到高解决不同收入水平和住房条件中低收入群体的住房困难问题，尽量实现应保尽保。

3. 优化保障房供给结构，满足多层次住房需求

现阶段我国已经基本形成了以经适房、廉租房、公租房、限价房、棚改房为主的“五位一体”保障房供应体系。随着经济的快速发展，新型城镇化进程不断推进，农业转移人口、新就业无房职工等成为城镇“新市民”的重要组成部分，导致城镇住房需求产生分化，催生出多种住房保障形式。就产权型保障房而言，除经适房、限价房和棚改房等完全产权房之外，共有产权房指的是符合条件的个人与政府按照出资份额划定产权比例，实现个人与政府共同拥有住房，其仍属于具有保障性的政策性住房。对游离在住房保障体系之外和商品房市场之外的“夹心层”群体而言，共有产权房是住房保障制度的一种完善和创新探索，对缓解“夹心层”群体住房困难问题起到了积极作用。就租赁型保障房而言，我国住房租赁保障体系中公租房占比较低，通过落实租售同权，大力发展租赁住房市场，不仅能进一步完善我国住房保障供给体系，也能改善过去住房市场“重购买，轻租赁”的局面，能极大缓解超大、特大城市和其他热点城市突出的住房供需矛

盾。此外，我国住房公积金具有购房、租房、建房等用途，且随着部分地区按月冲房贷、按月提月租、异地提取等公积金改革创新，极大地推动了我国住房制度转型，为解决城镇职工住房问题提供了有效解决方案。因此，从更广义的角度来看，住房公积金制度通常也被视为保障性住房体系中的重要内容。

4. 因城施策，实现多种保障房供给模式并存

由于我国区域经济发展和人口结构的差异，不同地区的地方政府在保障性住房的供给模式上没有形成统一的标准。从整体来看，在“一城一策”的住房长效机制的推行下，各地方政府应根据当地实际经济发展和人口增长情况来因地制宜地制定保障性住房的供给机制。从供给模式来看，主要包括：政府集中新建模式、开发商和政府合作开发建设模式、国有企业利用自有土地建设模式、存量住房利用模式和存量房改建模式。

首先，政府集中新建模式是指地方政府根据城市发展规划，以无偿划拨或协议出让方式获得保障房建设用地，以财政资金作为建房主要资金来源，兼顾公平与效率原则参与保障房分配，并对保障房进行后续管理和维护，地方政府主导了保障房建运管的全过程。其次，开发商和政府合作开发建设模式常见于住房配建模式，是指开发商以优惠政策获得中标土地，在后续的住房建设中需按照政府规定，以建设总面积的一定比例配建产权型保障房和租赁型保障房，以增加城市的保障房供给。再次，国有企业自有土地建设模式是指在土地制度改革前，政府以无偿、无期限以及无流动方式划拨的工业和仓储用地，地方政府鼓励国有企业利用这部分土地建设保障性住房，部分低价出租或出售给本企业员工，部分供给社会中低收入群体。最后，存量住房改建模式主要包括闲置住房改造以及城镇棚户区和危房改造工程，社会闲置住房改造主要指将政府收购的社会闲置住房和接受的社会捐赠住房统一改造为保障性住房；棚户区和危房改造则主要惠及原住户，改善其居住条件。

3.3.3 新时期城乡住房融合逻辑与动力

随着城镇化的发展，大量的农村劳动力向城市流动，使得城乡之间住房结构化矛盾突出，城市流动人口大多以租房为主，住房需求得不到满足，而农村住房则因为人口的流出而大量闲置。如何盘活现有住房存量，提高城市住房的利用效

率，增加流动人口的住房收益，对于解决上述矛盾，实现城乡住房融合发展至关重要。

1. 城乡住房融合的内在逻辑

城乡住房融合是在城乡经济发展的过程中，突破城乡二元结构中的住房结构壁垒并逐渐实现城乡住房产权、市场制度一体化的过程。主要方式是通过城乡要素的自由流动改变农村住房体系模糊的局面，促进农村住房产权、市场和制度的发展，最终提高农村居民财产性收入，缩小城乡差距，实现城乡住房融合发展。

（1）城乡住房产权

在住房产权方面，我国城市可负担住房、农村住房、农村“小产权房”以及城市经济适用房仍然存在所有权不清晰、不完全和不对称问题，地方政府对于经济适用房的建设管理缺乏激励。而学者们一致认为，住房产权的确定是解决这些问题的关键。其中，农村住房问题的妥善解决是城乡住房融合发展的侧重点，明确农村住房产权并赋予农村居民与城市居民等同的住房处置和收益权利，增加农村居民的财产性收益，将有助于缩小城乡收入差距。长远来看，在城镇化发展进程中，逐渐消除城乡二元结构壁垒，赋予农村居民从住房投资中获得正常财产收益的权利，实现农村土地和宅基地所有权和使用权分离将成为城乡住房产权改革的着力点。

（2）城乡住房市场

城乡住房市场的融合是城乡住房融合的主要内容，城乡住房统一市场的建立有助于解决农村小产权房问题，为农村住房提供交易流转平台。而要实现城乡住房市场融合首先就要实现城乡土地市场的统一，相关学者的研究表明，城乡收入差距与城乡土地市场的市场化程度之间存在先升后降的关系，即城乡土地市场的统一最终将有效降低城乡之间的收入差距。但同时应当注意，在放开农村土地的市场准入时，应采取措施提高农村居民的预期收入，并适当提高社会保障水平，降低农民可能面临的市场风险，增强农村居民市场参与意愿。综上，一个统一、开放、竞争和有序的城乡土地市场是实现城乡住房市场融合的基础，在此基础上实现城乡资金、技术、土地等要素的优化配置，推动农村住房市场的发展，并最终实现城乡住房市场的融合。

(3) 城乡住房制度

城乡住房制度融合是实现城乡住房融合的顶层设计，为城乡产权、城乡市场融合提供法律保障，主要涉及农村宅基地制度和土地制度，城乡住房制度以及住房保障制度。目前，我国农村的宅基地制度以一户一宅为主，宅基地归农村集体所有，农民拥有宅基地使用权和住房所有权，自有住房与集体宅基地的捆绑使得农村住房不具有商品属性，无法在市场上流转，农村居民也无法从房屋的出让中获得财产收入。因此，应建立农村地区的宅基地和土地流转制度，实现宅基地所有权和使用权的分离，赋予农村住房投资属性。另一方面，由于城乡住房制度的限制，大量农村流动人口在城市居无定所，更无法享受到城市住房制度带来的一系列社会福利，同时，农村地区由于人口的大量流出，住房空置问题严重，房屋价值严重缩水，资源配置缺乏效率，这进一步限制了农村居民收入的增长。相对地，应建立城乡统一的住房制度，消除户籍制度下的城乡公共服务不平等，赋予城乡居民同等获取住房收益的权利，建立城乡统一住房保障体系，解决大量城市流动人口的居住问题。

2. 城乡住房融合的动力机制

城乡住房融合是在城乡经济发展的过程中，突破城乡二元结构中的住房结构壁垒并逐渐实现城乡住房产权、市场、制度一体化的过程。而实现城乡住房融合的动力主要是城乡之间的双向要素流动。

(1) 土地要素流动

随着城镇化进程的推进，城市土地资源难以满足城市发展的需要，势必需要向郊区或农村地区扩张，农村土地的城市化可以满足城市发展的空间需要，但农村土地与城市建设用地之间存在的价格剪刀差损害了农民利益，构建城乡统一建设用地市场有利于破除城乡二元土地结构，实现城乡土地市场“同地、同价、同权”，保障农村居民从土地流转中获取正常收益的权益，改善社会总体福利水平，实现资源配置的帕累托改进。相伴的还有城乡土地制度的改革，以城乡土地市场化为导向，结合我国城乡土地市场的发展事实，为城乡土地市场的统一做好制度层面的顶层设计，指明土地制度改革的出发点和突破点。

(2) 城乡劳动力要素流动

劳动力在城乡之间的流动在本质上是劳动力资源实现跨区域配置的过程，使得从农业生产中解放出来的农村剩余劳动力流向生产率更高的工业和服务业。一方面，农村剩余劳动力向城市的流动提高了第二、第三产业的产量，推动了经济的发展，这也正是我国经济迅速发展的重要原因。另一方面，农村人口向城市流动提高了农村地区的人均收入水平，同时，随着劳动人口返乡的还有城市的先进生产方式和管理经验，从而带动农村工业、服务业的兴起，有利于打破城乡二元结构壁垒，实现城乡区域均衡发展。因此，要充分发展劳动力要素的自由流动对城乡融合发展的推动作用，消除阻碍劳动力自由流动的行政体制障碍，改变劳动力市场的分割局面，同时，建立城乡统一的就业和社会保障服务，保障农村流动人口与城市居民同工同酬。

劳动力资源自由流动对城乡住房融合发展的推动作用，主要是通过户籍制度改革和基本公共服务均等化来实现的。作为城乡二元结构最鲜明的特征，户籍在新中国发展之初保证了计划经济体制的稳定，促进了城市经济的发展。但随着改革开放的进行，户籍制度逐渐成为影响城乡流动最突出的制度障碍，核心问题在于户籍所附带的城市福利，特别是住房福利并未向农村流动人口开放，流动人口无法享受城市户籍所带来的基本公共服务，住房需求得不到满足。因此，打破城乡二元户籍制度障碍，实现劳动力资源的自由流动以及提高公共服务的均等化水平对城乡住房融合发展意义重大。在我国的城市化进程中，“人”的城市化远远落后于“地”的城市化。究其原因，在于我国户籍制度改革与土地制度改革的错位。人类城市化目标的实现将是一个长期的过程，需要通过公平的制度设计、和谐的社会环境以及充足的人力资源来构建。

(3) 城乡资本要素流动

资本本身的逐利性，决定了资本要素往往集中在生产技术先进、劳动要素密集的城市地区，而城市本身存在的虹吸效应使得城市资本要素难以惠及农村，农村地区资本要素主要来源于本地资源禀赋的资本化。土地资源作为农村地区主要的生产要素，农村土地集体所有权的分散、土地经营权的转让、宅基地的两权分置以及住房产权收益是农民财产性收入的主要来源，也是农村资本积累的主要实现方式。实现城乡资本要素的自由流动，首先要增加农民的财产性收入，在此基础上实现城乡劳动力和金融资本的自由流动，最终缩小城乡收入差距，实现农村地区的城市化。关于城乡资本自由流动的实现路径，现有研究主要从土地资本化、集体资本化、农村金融发展和资本经营三个方面进行分析。一是改革现有土地制度。由于现有农村土地所有权归集体，使用权归个体，不利于农民从土地流转中获取财产性收益，更不利于农村土地资本化，因此必须对现有土地制度进行改革，赋予农村土地获得财产性收入的功能。二是解决农村资金短缺问题，完善农村金融体系。改革开放至今，农村资金流向城市以支持城镇化和社会经济发展的单向流动趋势仍未改变，当前中国已经进入了社会主义发展的新阶段，改变农村资本向城市的单向流动趋势，推动城市资本下乡以支持农村发展是新时期城乡融合发展之必然。因而，需要采取有效措施，对现有的财政和金融政策进行改革，加大对“三农”问题的财政支出力度，建立现代农村金融体系，使之满足农村发展的需要。

第 4 章　保障性住房与城乡融合的机理研究

4.1　保障性住房影响居住融合的机理研究

4.1.1　保障性住房与家庭化迁移的关系

改革开放 40 多年来，大量的农村剩余劳动力往城市迁移，为城市的经济发展提供了充足的劳动力，不仅优化了城市的资源配置，同时也对经济的发展产生了巨大的推动作用，在此过程中流动人口的迁移模式也发生了较大的变化。流动人口从最初的“单独迁移”到现在的“家庭化迁移”，与我国的“土地城镇化”向“人口城镇化”发展模式的转变具有一致性。现阶段，中国绝大多数的流动人口均呈现半家庭式的迁移特点（梁勇 等，2018），即由家庭决策者首先迁移，其次是家庭核心成员的迁移，最后再扩展到其他家庭成员的逐步迁移模式，导致目前流动人口的家庭内部成员依然处于地理上的分居状态（盛亦男，2016）。形成这种现象的主要原因在于城市的高房价，由于住房是外来劳动力在城市稳定生存和就业的必需品，劳动力在城市的生活成本随城市消费水平的提高而增加，而作为城镇生活成本中最重要的组成部分（Rabe et al.，2012），住房支出随着住房价格的抬高将额外增加外来务工劳动力的生活成本，从而阻碍迁移劳动力定居于城镇，也抑制了劳动力大量流入。因此，随着流入城市的住房价格和住房成本的不断上升，流动在城市的劳动力的居住特征大体上呈现出产权边缘化、住房质量差、空间集聚封闭等特征（Schönwälder et al.，2009；Liu et al.，2017），城市居住环境恶劣在一定程度上限制了流动人口举家迁移的愿望。住房本身所具有的特性及住房市场的固有缺陷，加上流动人口特殊的阶层性使得单独依赖市场机制的模式将难以解决流动人口的居住问题，而这正是制约城市实现人口城镇化的重要因素（李含伟 等，2017）。随着房价的高涨与住房市场需求的不断扩大，以商品房为主的住房市场难以满足城市绝大部分中低收入群体和流动人口的住房需求，住房方面出现了外来流动人口与城市居民在居住空间的隔离，住房财富和居住质量等存在差异，演化成收入差距的进一步扩大。此外，理性的流动人口会考虑流动的机会成本，对是否居留在城市进行决策，大部分流动人口是以“安居”为目标，并不希望经常更换工作和生活地点（刘涛 等，2019），更强烈的居留意愿引申出较高的住房需求。由此，以政府为供应主体向流动人口提供保障性住房，能提供除购置商品房之外的居住选择，为其减轻生活成本，提供稳定的住所，从而影响家庭成员的迁移决策。作为社会福利体系的一大重要组成部分，保障性住房有利于促进转移劳动力向城镇迁移，在一定程度上满足中低收入家庭的居住需求，提高人口城镇化的质量（李勇辉 等，2017）。

近年来，流动人口虽然越来越多地被纳入城镇保障性住房的申请范畴，但是对该群体供应的保障性住房的建设面积和地理位置存在着大量的限制，总体上呈现规模较小且选址偏远的特征。实际上，保障性住房主要由地方政府提供建设用地和建设资金，而具有公共物品性质的保障房不能为地方政府带来财政收入，地方政府对保障性住房建设缺乏激励，往往通过偏远地段的选址和狭小的建设空间降低其建设成本，且绝大部分的保障房是提供给城市中拥有城市户籍的中低收入家庭的，而流动人口长期处于城市与农村的夹缝之中，难以享受保障性住房政策所释放的政策红利，大量流动人口的住房需求难以得到满足，不利于社会和谐进步和稳定发展（苏红键，2020）。此外，国家出台的公共政策落地通常带有一定的时滞性，导致保障性住房对流动人口的供给缺乏有效性，流动人口的住房问题依然严峻（杨菊华，2017）。因此，我国的流动人口以租赁私房为主，房屋自有率极低，基本被排斥在保障性住房体系之外。与此同时，我国新型城市化进程的快速推进，带动越来越多的农村剩余劳动力从相对落后的农村地区进入快速发展的城市社会，在城市中形成庞大的“新市民”群体，该群体呈现出基数大、分布广泛的特点，家庭性迁移通常以夫妻共同迁移为主要迁移模式。中国在 2016 年首次提出要准确把握住房的居住属性，着重强调要满足新市民的住房需求，构建新时期下的新型住房制度，以农民工为主体的流动人口的住房问题成为住房市场改革中的重大问题之一。这对保障性住房的建设提出了更高的要求，不仅要满足中低收入群体最基本的住房需求，同时也要提高住房质量和加强配套设施建设，实现住有所居、安居乐业的美好愿望。

保障性住房与家庭化迁移存在着紧密的联系。一方面，保障性住房有利于流动人口举家迁移，提高在城市的定居意愿，从而实现人口城镇化。由于举家迁移的决策是基于流动人口对当前的现状和未来的预期所做出的，通常与生存就业和长期定居意愿联系在一起。伴随着家庭迁移成为中国流动人口主要的迁移趋势，家庭化的迁移对居住条件提出了新的要求，以居住为核心的城市生活成为农村流动人口市民化的关键因素。以家庭为单位进行迁移的流动人口家庭积累的财富相对更高，能支付在城市的流动成本和未来生存成本，也更愿意主动地增加城市的住房消费，家庭化迁移下流动人口在城市的住房状况有所改善（冯长春 等，2017）。由于流动人口的居住变动与就业变动行为是相互作用的协同过程（党云晓 等，2021），居住的不稳定性将引发就业的变动和迁移成本，大力推进保障性住房建设来解决流动人口家庭在城市的居住问题，能为家庭迁移的流动人口降低城市的生存成本，稳定居住环境，以更好地就业，从而提升流动人口的市民化意愿，是推动举家迁移的流动人口市民化的有效途径。另一方面，流动人口举家迁移的住房需求需要保障性住房来满足。大部分流动人口隔离在城市中心的商品住房和存量较少的保障性住房体系之外，在城市中居住环境和居住质量的低下导致流动人口处于“在夹缝中生存”的现状，不利于长期的稳定就业和生存发展。流动人口是我国城市经济发展的主力军，在流入城市拥有稳定的住房不仅有助于其更好地融入流入地，积极参与社会交往，还能获得其他城市的优势资源，增加社会资本与人力资本，更好地进行社会融合（杨菊华，2018）。而城市中现有的住房供应与保障体系难以满足大多数流动人口的基本住房需求，加快推进住房保障与供应体系建设，是满足基本住房需求、实现全体人民“住有所居”目标的重要任务，是促进社会公平正义、保证人民群众共享改革发展成果的必然要求。对于家庭迁移的流动人口而言，他们的城市流动性较弱，拥有较强的长期定居意愿、较高的就业能力和抵御风险的能力，对在城市稳定居住的需求相对于单独迁移者更强，此外，他们拥有比个体迁移者更强的支付房价的能力，对于经适房的可承受能力相对更高，对保障性住房的建设需求和住房公共服务的供给体系也有更大的期待。因此，保障性住房与流动人口家庭迁移存在着密不可分的联系，要建立起与现实经济社会发展水平相适应、基本满足人民群众合理预期、水平和质量明显提升的住房公共服务体系，保障居民住房有效供给，实现住房供需匹配。

4.1.2 住房保障对居住融合的推动效应

流动人口在我国城市中依然属于弱势群体，受制于城乡二元户籍制度和自身人力资本水平，该群体难以通过市场机制作用满足自身的居住需求，地理空间和社会地位的双重边缘化加剧了社会分层现象，同时，城市中社会隔离与排斥、贫困的代际延续等一系列不良社会问题蔓延（艾小青 等，2021）。社会排斥不利于中低收入家庭获得满足基本居住需求的住房，而这违背了住房保障制度的根本目的，弥补住房分配方面的市场失灵是现阶段的重点任务（李辉婕 等，2009）。

一方面，我国政府在城市实施了限购政策。住房需求旺盛的大中城市及省会城市通常以城市户籍作为购房资格的硬约束，户籍制度成为流动人口购买商品房的重要门槛。

另一方面，较高的房价收入偏离度降低了流动人口的住房可支付能力[①]。以农业转移人口为主的流动人口群体，大体上呈现出受教育程度和职业技能水平相对较低的特征，他们流入到城市以后集中在劳动力密集型行业就业。在一些流动性较大的公司和部门，雇主更倾向于不与流动人口签订正式就业合同，而是签订临时就业协议，易出现流动人口与城市市民“同工不同酬”的现象。城市中劳动力市场的分割和高昂的房价进一步拉大了流动人口与户籍人口间的收入差距，增加了流动人口在城市的购房难度，流动人口通常选择偏远于城市中心的位置、居住条件较差的地区定居，在流入地虽有立足之地，但多数人未能安居，地理位置上与城镇户籍人口的居住隔离现象极为普遍。

① 房价收入偏离度衡量了房价与收入的比例是否恰当，房价收入偏离度越高意味着商品房的市场价格与其真实的价值偏差越大，房价的泡沫就越大。

在我国住房双轨制下，商品房供给对购房资格和收入水平的门槛越来越高，随着“住有所居”“房住不炒”“住房市场长效机制”等议题不断被我国政府重视和强调，“公共租赁住房”“共有产权住房”政策试点也开始在全国范围内推广，国家也开始强调要将流动人口纳入当地的住房保障范围，主动解决流动人口的住房问题。各地在我国政府的政策引导下纷纷制定出面向外来务工人员的住房政策措施，推行了开放度更高的公共租赁住房，其居住形式灵活，租金成本相对较低，更有可能对流动人口发挥安居作用。从保障性住房的实质来看，保障性住房主要可以从以下两个方面来发挥对流动人口的安居效应：

第一，保障性住房的供给对商品房的价格有校正作用。作为我国住房市场中并行发展的两个体系，保障房和商品房在内容上相互补充，互成因果。建设比商品房价格更低的保障性住房能分流住房市场中的旺盛需求，商品房价格在一定程度上被抑制高涨（王先柱 等，2009）。与此同时，经济适用房等保障房能为有限的商品住房提供补充，保障房的投资占比较高时，对住宅投资的挤出弹性较大（陈杰，2016），防止房地产市场过热并控制商品房价格上涨幅度（王洋天，2013）。

第二，保障性住房能促进中低收入家庭的住房条件从非正规住房转变为正规住房，有利于城镇的中低收入家庭实现“住有所居”，促进流动人口举家迁移和提升长期定居意愿。从微观个体追求利益最大化的角度来看，单独迁移的流动人口会选择居住在无须支付租金且环境简陋的职工宿舍等非正式住房中，或者选择租住在环境较差的城中村，这种非正式的居住安排往往也面临着较大的流动性，当流动人口面临失业风险或者房价上涨带动租金上涨时，提升了搬家的流动性风险。我国的保障性住房体系涵盖了经济适用房、两限房、公共租赁住房等满足各种收入群体的住房。经济适用房在居住面积上往往以适应家庭化居住需求为主，有利于流动人口举家迁移，同时在居住期限上也是以长期性居住为主，适合具有一定经济实力和人力资本的流动人口。公共租赁房能为单独迁移的短期流动人口提供低成本的安定住所。且保障性住房越来越注重人居环境和公共配套基础设施，配建于城市的社区有利于加强流动人口与城市人口的相互往来，帮助流动人口突破制度的樊笼，增强居住融合。

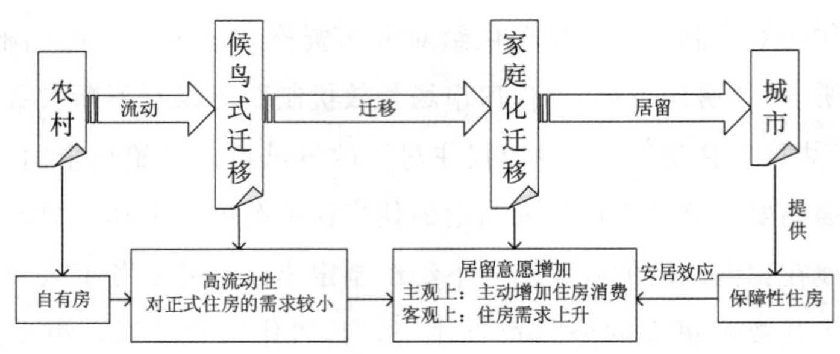

图 4–1 保障性住房的安居效应

4.2 保障性住房影响收入融合的机理研究

4.2.1 保障性住房对家庭化迁移的收益效应

在流动人口家庭化迁移过程中，保障性住房具有降低家庭化迁移成本和提高家庭化迁移收入的净收益效应两种重要功能。首先，从增加收入的角度来看，保障性住房能有效增加保障家庭的福利性收入，对于租住于公租房的中低收入家庭，地方政府将为其发放一定的住房租赁补贴。以湘潭市为例，2017—2018 年，地方政府按家户的成员人数为公共租赁住房保障家庭提供梯度租赁补贴，以城镇最低收入住房保障家庭为基准，分别给予 1～2 人户、3 人户、4 人户及以上以 300 元/（月·户）、400 元/（月·户）和 480 元/（月·户）。其中，不同收入住房保障的补贴标准不一样，最低收入、低收入以及中等偏下收入住房保障家庭分别按租赁补贴标准的 100％、70％和 50％发放①。此外，中低收入家庭在获得保障性住房之前通常居住在与城市本地人存在居住隔离的非正式的住房中，而保障性住房属于正式住房，在城市中获得保障性住房有利于从居住环境上促进中低收入居民和城市居民的融合，提高中低收入群体的文化性收入。

从降低成本的角度来看，首先，保障性住房有利于降低家庭的住房支出。以经济适用房为例，建设土地通常是由地方政府无偿供给，不同于商品房的市场化定价模式，此模式既节省了高额的土地出让金，又能在配套费等方面享有一定的优惠政策，因此其单价会远远低于商品房的单价，使举家迁移的流动人口有能力

① 资料来源：https：//www.tuliu.com/read-68589.html。

购买，有效地降低了流动家庭的住房成本。其次，保障性住房能有效地降低流动人口的流动成本和搬家成本，举家迁移的流动人口通常以长期定居于城市，获得相对较高的工资报酬为目的，若流动家庭是租住私房定居在城市中，当流入城市在某时期处于较高的失业率时，流动人口一方面难以在当地找到合适的工作获得收入来源，另一方面还要支付高额的租金，出于收益最大化，流动人口将选择再次流动或者回流于农村，基于外部不确定性的流动成本相对较高。由于获得保障房的住房成本较低，当拥有保障房的流动人口面临失业时，可以选择以打零工的方式来进行过渡，等经济形势较好时再寻找正式工作，在一定程度上避免了再次流动，也保障了流动人口在失业时期的居住权和社会认同感，给予该群体在特殊时期坚定的心理支撑以助其更好地寻找工作重新就业。再次，保障性住房能有效地降低流动人口的心理成本，如果流动人口可以获得保障性住房，则该群体能享有与城市户籍人口同等的福利和保障，增强自身的认同感并降低他们作为外地人的“焦虑感”。最后，保障性住房能有效地降低城市排他性风险。大部分城市的子女入学、养老保障等公共服务供给和社会福利都与流动人口家庭是否在当地有稳定的住房有关，举家迁移的流动人口家庭通过获取保障性住房在一定程度上能降低城市公共服务和社会保障的供给门槛，拥有与城市公民平等享用各项公共服务的权利，降低城市排他性风险。

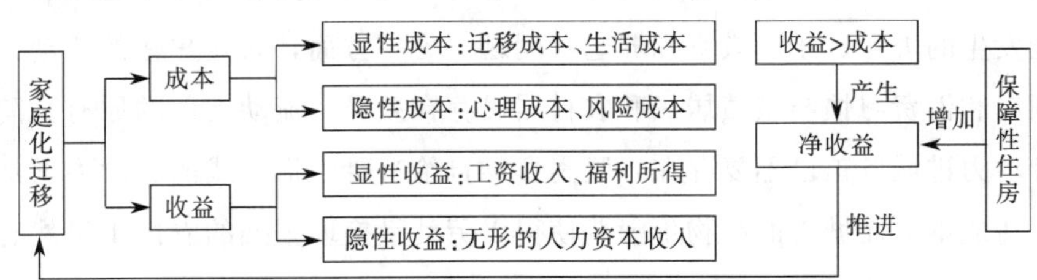

图 4–2　保障性住房对家庭化迁移的成本–收益影响分析

4.2.2　保障性住房对家庭化迁移的财富转移效应

在家庭化迁移的模式下，流动人口的家庭消费会随之增加，且在短期内家庭收入难以产生较大增长的情况下，家庭化迁移无疑会增加家庭的经济负担。而保障性住房在保持社会稳定、调节居民收入分配上发挥了重要的政策效用。具有社会保障功能的保障性住房政策通过发挥财富转移效应来降低预防性储蓄、缩小居民收入差距，从而达到促进消费的作用（Kantor et al.，1996；Milanovic，1999）。因此，保障性住房能有效缓解家庭化迁移下的家庭消费扩张所带来的经济压力，进而推动流动人口家庭化迁移。

2018年末，我国的流动人口达到2.41亿人，他们为城市源源不断地输送大量劳动力资源，承担着为城市的经济发展做贡献的责任。但是大部分群体在城市的生活质量并不高，主要表现为该群体的储蓄意愿较强且消费水平较低（张广胜 等，2016）。在城乡二元结构下，不同的约束条件决定了城乡居民拥有不同的消费与储蓄决策。由于自身受到较高的收入约束和较大的社会风险，以农民工为主体的流动人口具有较高的储蓄意愿以及较低的消费水平的特征（张勋 等，2014；谢建江，2020）。流动人口消费水平低的主要原因可能在于以下两方面：一方面，人力资本较低的流动人口应对城市存在风险的能力薄弱。大多数的流动人口人力资本偏低，主要从事劳动密集型工作，工作强度大、劳动风险高且工资收入低是城市中流动人口的就业常态。与此同时，他们仅拥有新农保来为其承担风险，而新农保在城市的保障范围有限，享有城镇居民的社会保障比例较低。流动人口不仅要面临人身安全、健康等风险，还需要考虑失业、医疗等外部风险问题，难以享受到与城镇职工同等的社会保障。在预防性储蓄的动机下，流动人口除了将自身收入花在满足基本的生存需要之外，只能将其他大部分收入储蓄起来以应对未来可能发生的失业、子女教育和养老等问题。另一方面，农业户籍的流动人口的消费倾向和消费习惯与城镇居民和农村居民存在差异，流动之前的原有庭院经济随着劳动力进城务工已不复存在，脱离食物自给自足生活模式的劳动力增加了城市的生活成本，而城市的高物价消费使得以劳动量换取报酬的农民工虽然有强烈的消费需求，但外部风险和高储蓄倾向阻碍了劳动力的高消费（张广胜 等，2016）。与此同时，城市的高额房价提升了流动人口家庭在城市的预期购房成本（刘金凤，2021），也降低了无房流动人口的定居意愿（周颖刚，2019）。因此，即使在单独式迁移的模式下，流动人口的人均收入水平高于城镇居民人均可支配收入和农村居民人均现金收入增速近10个百分点①，但是基于上述原因，流动人口并未发挥出“消费巨人”的效应。

---

① 资料来源：http：//www.360doc.com/content/15/1229/10/167211_523885909.shtml。

流动人口具有典型的生命周期消费行为，在消费行为中，子女的教育问题是不容忽视的重要因素。在核心家庭成员式迁移模式下，流动人口带年幼的子女迁移到城市接受教育，城市的教育产品相对于教育资源和服务相对落后的农村地区，种类更为丰富，但生活成本和就学门槛也比农村更高，从而提升了流动人口在城市的家庭消费。此外，子女随迁行为是在流动人口能力范围内提升子女受教育程度以提升未来的人力资本回报预期，能激励流动人口增加工作时间和工资报酬，从而增加家庭持久性收入，进而提升流动人口家庭即期消费，即产生“子女随迁→提高流动人口子女人力资本→提高持久性收入→增加流动人口家庭即期消费”的良性循环（胡霞 等，2016）。此外，相比于单独的迁移务工者，家庭化迁移中增加的同住人口不仅增加了家庭住房消费，同时也增加了对城市保险的需求（刘靖，2013）。举家迁移是最有可能实现流动人口市民化的模式，能增加流动人口市民化和社会融入的意愿，这种意愿的转变不仅会增加流动人口家庭在流入地的家庭耐用品的消费，而且会引发其在城市各方面的消费需求，增加其在社会交往上的支出。

1. 保障性住房对预防性储蓄倾向的影响

预防性储蓄是指为预防未来不确定性，风险厌恶的消费者更倾向于选择降低消费而增加储蓄。从现有的研究来看，大多数学者都认为居民家庭存在着较为明显的正向预防性储蓄动机（Leland，1968；Guiso，1992）。中国家庭的预防性储蓄动机较西方国家更为明显，尤其是中国的流动人口群体。现阶段，教育、医疗、住房等消费支出的增加提升了未来在城市生存的不确定性风险，难以与城市居民享受同等社会保障的流动人口将增强其预防性储蓄动机（周晋 等，2015；宋月萍 等，2018），从而导致了中国的高储蓄率（冯明，2017）。

在房价上涨的背景下，预防性储蓄主要影响的对象是租住私房和有购房倾向的流动人口（徐小鹰，2012）。对于租住私房的流动人口而言，高额的商品房市场价格将带动租房价格的上涨，流动人口需要支付更高的租房成本，因此也将面临更紧的预算约束，而房价持续的上涨会对流动人口形成房租持续上涨的预期，因此，流动人口会有意识地增加当期的储蓄来预防未来更高的房租支出。同样，对于有购房倾向的流动人口，房价的上涨使他们在未来面临更高的首付款和住房贷款，因此也会增加当期的储蓄。对于大部分流动人口而言，在流入地没有自住房，都属于租房群体和潜在购房群体，因此，流动人口的整体预防性储蓄倾向都较高（尹志超，2020）。保障性住房能有效地降低流动人口的预防性储蓄。一方面，保障性住房供给的增加将分流商品房市场的住房需求，有助于稳定商品房的价格，降低流动人口对未来房价上涨的预期，降低其预防性储蓄动机。另一方面，保障性住房也属于稳定住房，可以供流动人口长期居住。同时，保障性住房的使用成本较低，当流动人口能以较低的成本获得保障性住房时，住房消费的降低也可以视为收入的提高，这种额外的收入不会影响商品的相对价格，因此也被称为禀赋收入效应。这一影响机制可以由图 4-3 表示。

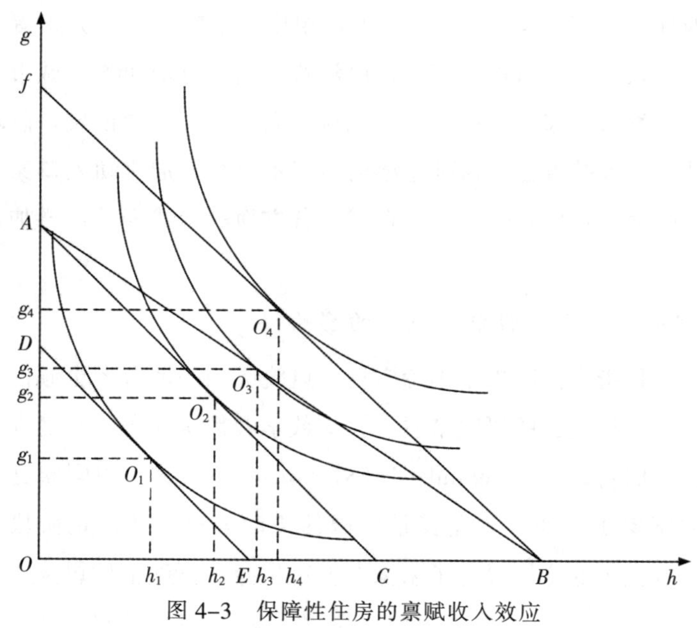

图 4–3　保障性住房的禀赋收入效应

如图 4-3 所示，Oh 表示流动人口家庭的住房消费量，Og 表示其他商品的消费量。流动人口的原始预算约束为 AB，此时消费的其他商品为 g_3，当房价上涨时，其他商品的相对价格保持不变，流动人口家庭的预算约束线会绕 A 点向内旋转至 AC，与无差异曲线相交于 O_2，此时其他商品的消费量为 g_2，可见 $g_2 < g_3$，即房价上涨挤占了流动人口对于其他商品的消费。在预防性储蓄动机下，流动人口可能会增加储蓄，在相对价格保持不变的情况下，降低可支配收入促使流动人口家庭的预算约束线向内平行移动至 DE，在 O_1 处与无差异曲线相交，此时流动人口家庭对于其他商品的消费为 g_1，从整体上来看，房价上涨会挤占 g_3～

g_1的其他商品消费。但是，如果流动人口家庭可以获得保障性住房，那么由于房价上涨的预防性储蓄动机将不再存在，保障性住房的禀赋收入效应不会改变商品的相对价格，使预算约束线 AC 向外平移。由于保障性住房的使用成本会低于市场租房的成本，保障性住房的价格不会高于最初的租房成本，假定保障性住房可以使流动人口至少能维持最初的住房消费，AC 可向外平行直到穿过 B 点，即新的预算约束线为 BF，与无差异曲线相交于 O_4，此时其他商品的消费量为 g_4。可以看到，保障性住房能有效抵消由于房价上涨造成的预防性储蓄动机下消费水平的下降，提高流动人口家庭的消费。

2. 保障性住房对收入不平等的影响

保障性住房是政府通过实物援助或者租房补贴等转移性支出的方式来减少低收入家庭的购房成本或租房支出，增加低收入家庭的可支配收入，有助于降低保障家庭的预防性储蓄从而调节居民收入分配。具体来看，其在调节国民收入的初次分配、国民收入的再分配和财产性收入方面均有积极作用。

保障性住房对国民收入初次分配的调节作用主要体现在住房公积金制度和对就业的扩张效应上。住房公积金是企业与在职职工共同缴存的长期住房储蓄金，该制度明确规定，企业和职工须逐月按照工资的一定比例进行缴存，由于公积金允许企业和个人在税前进行扣除，属于国民收入的初次分配，企业与职工缴存的公积金都归属于职工的个人账户，从实质上来看是增加了职工不同形式的劳动报酬。从就业的扩张效应来看，保障性住房建设作为住房开发建设中的一环，其巨大的资金投入和建设任务，会对建筑建材、钢铁水泥等关联产业产生拉动效应，为城市中大量的低技能劳动力创造了更多的就业岗位和就业机会，这是劳动者参与国民收入初次分配的基本前提和主要方式。

保障性住房对收入分配的影响主要体现在对国民收入的再分配上。保障性住房具有“公共物品”的属性，需要政府来承担建设的主体责任，政府投入大量财政资金以支持保障性安居工程的建设，同时通过财政收支来缩小居民收入差距，在社会成员之间进行转移支付，提升中低收入群体的福利效用。

现阶段，我国总体收入差距过大的主要因素之一是财产性收入不平等（韩海燕，2018），而保障性住房具有调节财产性收入不平等的作用。国家统计局将财产性收入定义为拥有金融资产或有形非生产性资产的所有者出让使用权或将有形非生产性资产供其支配而获得的收入。宁光杰等（2016）测算居民财产性收入不平等后发现，租金收入是引起财产性收入差距过大的主要因素。在住房商品化改革以后，高涨的商品房房价促使住房投资和住房投机行为日益增加，中低收入家庭难以承受商品房高昂的价格而只能选择租房，一部分的居民收入便会通过租金从无房群体的手中流向拥有多套住房的群体手中，房价越高，无房的中低收入群体面临的租金价格越高，租金对收入的掠夺份额越多，导致可支配收入的减少。对于高收入的有房群体而言，可以获得更高的租金收入，从而形成房价的财富转移效应，加大了居民财产收入的不平等。保障性住房的供给可以与商品房市场形成互补作用，在增加社会整体住房供给水平的同时，也保障了中低收入群体的居住需求，使中低收入群体不用去承受较高的商品房价格和租金支出，在一定程度上能稳定商品房的价格，抑制财产性收入不平等的扩大。

因此，保障性住房的财富转移效应能有效缓解流动人口家庭过高的预防性储蓄动机，缩小城市不同家庭间的收入不平等，有助于流动人口家庭应对由于家庭化迁移所带来的消费扩张效应，缓解家庭化迁移带来的经济压力。

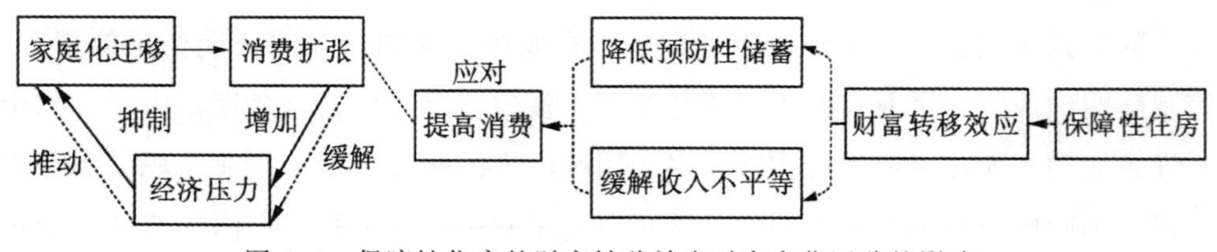

图 4–4　保障性住房的财富转移效应对家庭化迁移的影响

4.3　保障性住房影响就业融合的机理研究

城乡户籍制度是一系列排斥制度和政策的根源，并通过附着在相关制度之上制约流动人口的社会融入。即使市场化进程的加快大大减弱了就业排斥，但与户籍制度相关联的就业制度仍限制了流动人口获得高收入的就业岗位，流动人口普遍集中在次级劳动力市场，同时被排斥在住房保障制度之外。根据奥斯瓦尔德的相关研究，住房的影响已扩大到劳动力市场，而劳动力市场与家庭成员的相关决策是息息相关的，因此，从理论上来说，住房与家庭迁移决策之间可能也存在着一定的传导效应，即“保障性住房→流动人口劳动参与率→子女随迁”，保障性住房可以通过降低流动人口的劳动参与率，从而让流动人口有更多的时间来照料家庭，增加子女随迁的可能性。

4.3.1　保障性住房对劳动参与的影响

在奥斯瓦尔德假说提出来之前，在工业化国家失业率持续上升的背景下，有学者关注到社会保障对劳动供给的影响，虽然目前学术界对于社会保障对劳动供给的影响未得到统一的结论，但是大部分的研究都认为社会保障水平的提高所产生的激励效应会降低劳动者劳动参与的积极性，导致社会失业率的提高（Gustman et al.，1985；Krueger，1992）。1996 年，奥斯瓦尔德又通过相应的研究推测，西方经济体的高失业率是由于私人房屋租赁市场的衰落和自有住房的增加所造成的，进一步拓展了失业的影响因素。对于有产权的经济适用房这类保障性住房，从本质上来说就属于自有住房，而对于无产权的公租房、廉租房等保障性住房，具备了自有住房的稳定性和正规性，为刚迁移至城市的劳动力提供了安全且有保障的住所。在奥斯瓦尔德假说提出以后，许多学者在对其有效性进行检验时，也会采用保障性住房代替自有住房，来检验保障性住房对劳动者劳动市场参与行为的影响（Pavvo，2011；刘斌 等，2013）。

保障性住房属于社会保障的重要内容，主要解决社会弱势群体和中低收入家庭的居住问题，但是在保障性住房政策的实施过程中，可能会表现出与住房保障初衷相悖离的负激励效应和“悬崖效应”，使得保障家庭对保障性住房产生福利依赖，从而抑制其主动提升收入和再就业的积极性，存在福利陷阱问题（邓宏乾等，2015）。对于流动人口来说，保障性住房政策是政府通过提供公共住房或给予相应的租金补贴等方式改善其住房状况的，而住房保障对其劳动参与的负向激励主要体现在保障群体的失业概率变化和失业后失业期的持续时间上。具体体现在以下几个方面：第一，居住问题是流动人口在迁移城市需要解决的首要问题，获得保障性住房有利于流动人口获得便于家庭化迁移、在城市长期稳定生存的居住环境，缓解住房的预算约束，减轻经济负担。从家庭角度出发，获得保障性住房有助于降低家庭化迁移的流动人口的经济压力，从而使其中一方自愿退出劳动力市场而进行家庭照料活动，提高了失业概率。与此同时，政府出于降低建设成本考虑，将公共住房建设至远离核心城区的地区，居住于公共住房的流动人口将耗费更多的通勤时间和交通成本在城市中心寻找工作，对其就业活动存在较大的限制，导致被保障群体可能因此放弃就业。周素红（2010）和李梦玄（2013）分别对现阶段广州市与武汉市保障性住房住户的居住空间与就业条件的匹配性问题展开研究，一致得出政府建设保障性住房未考虑弱势群体真实的生活需求，居住与就业空间不匹配现象普遍，导致弱势群体通勤成本增加且居住隔离现象加剧，从而降低了被保障家庭的就业概率。第二，住房保障会延长保障群体的失业期。在就业方面，流动人口面临着较大的不确定性和流动性，当其失业时，保障性住房发挥的“安居”效应，使其更倾向于“就近就业”而不愿再次流动，缩小了流动人口寻找工作的空间范围，增加了失业后找寻工作的时间。此外，保障性住房的获得使受益者的就业积极性下降，该群体只需支付远低于市场价格的租金便能享受到社会福利，相当于增加了可支配收入，提升了预算约束线，在一定程度上将降低劳动供给。Murray 和 Svarer（2003）分别围绕公共住房的补贴项目与丹麦的相关数据，均证实了住房补贴和租金控制在一定概率上降低了劳动者的劳动供给。第三，保障性住房政策在实施过程中难以兼顾“公平”和“效率”，可能会对流动人口的就业产生“挤入”现象和“滞留”现象。一方面，在住房保障范围边缘的流动人口家庭会提升退出劳动力市场的动机或者减少劳动时间，在短期内降低家庭的收入水平以达到保障性住房的准入条件要求。另一方面，居住在保障房的农民工比例较低，在部分地区只是“纸上谈兵”并未真正“落地”，针对农民工的保障房建设依然任重道远（祝仲坤，2017）。此外，保障性住房还存在着一定的退出机制，对于居住已满相关年限的家庭，政府部门会重新对其居住资格进行审核，不符合保障性住房准入标准的家庭将不再享受住房保障政策，部分被保障家庭可能会由于不愿放弃住房保障的资格而选择退出劳动力市场，以获得继续居住在保障性住房中的资格，从而产生“滞留”现象。第四，从社会网络的角度来看，低收入群体的就业机会将受到个人所处环境的影响，低收入和失业人士主要居住于公共住房，将减少他们获得就业信息的机会，从而遭受更高的失业率，但也会降低房价水平（Dujardin et al.，2009）。

4.3.2 劳动参与行为与家庭化迁移的相互影响

家庭时间分配模型为研究流动人口的劳动参与行为与家庭化迁移奠定了理论基础。从时间分配的角度来看，举家迁移的流动人口需要在照料家庭和工作之间进行权衡取舍。若是流动人口参与劳动力市场并且需要进行加班工作，那么流动人口只能将少部分闲暇时间留给家庭。同时，流动人口举家进行迁移，随迁的群体中包括未成年的子女和年龄较大的长辈，他们对于家庭照料的需求比较高，家庭的照料活动会挤占流动人口的工作时间，这样就会在流动人口的劳动参与和家庭化迁移间产生时间分配的矛盾。因此，进行劳动生产或者劳动强度较大的流动人口，由于缺乏用于家庭照料的时间，家庭化迁移的可能性更低。而对于工作较为清闲或者从事自我雇佣职业的流动人口，在工作之余有较多的空闲时间或者工作时间更具有弹性，可以较好地平衡工作和家庭的时间分配，那么家庭化迁移的可能性就会更高。

进一步地，新迁移经济学理论将流动人口的劳动参与行为与家庭化迁移决策纳入同一个理论框架中进行分析。从新迁移经济学理论的角度来看，流动人口家庭的迁移决策会基于家庭的整体最大化效用而考量，其他家庭成员在进行迁移决策时会考虑已经迁移的成员在流入城市的工作状态，若是进一步的迁移会对其在流入城市的工作产生不利的影响，那么其他家庭成员更倾向于留守。对于已经完成举家迁移的流动人口家庭，则会在家务劳动和工作状态上进行衡量，根据家务劳动的计量成本来改变自己的劳动供给行为，因此，流动人口的劳动参与行为与家庭化迁移会产生互相“抵制”的效应。与此同时，城市市场支配的商品房供给价格日益高涨以及国家对保障性住房供给不足，绝大部分的流动人口都被排挤在住房市场之外，加剧了流动人口居住质量的降低（朱东风 等，2011），大量的农民工选择居住在空间狭小、条件简陋的“城中村”等非正式住房中（孙聪 等，2017），居住环境限制了流动人口举家迁移的愿望。家庭化的迁移对居住条件提出了新的要求，以居住为核心的城市生活成为流动人口市民化的关键因素。但由于住房本身所具有的特性及住房市场的固有缺陷，加上流动人口特殊的阶层性，决定了仅依赖市场机制难以解决自身的住房需求，这就要求我国大力建设保障性住房并提高对流动人口的保障力度。图 4-5 表示了保障性住房推动家庭化迁移的可能传导机制，其中包括正向激励机制和负向激励机制。正向激励机制包括经济效应、拉力效应、安居效应和配套效应。基于保障性住房自身的经济性质，流动人口一旦通过购买或者租赁获得保障性住房，低购房或租赁成本相当于获得一部分财富转移，提高了住房的购买力和可支付能力，增强了家庭的获得感和幸福感，基础配套设施完善的保障性住房满足了流动人口多样化的公共服务需求，提高了长期居留意愿和落户意愿，从而促进家庭化迁移。负向激励是指保障性住房的获得降低了流动人口劳动参与率或提升了失业率，从而不利于家庭化迁移。以上路径分析为完善我国住房保障制度和推进流动人口家庭化迁移，促进城乡融合提供了依据。

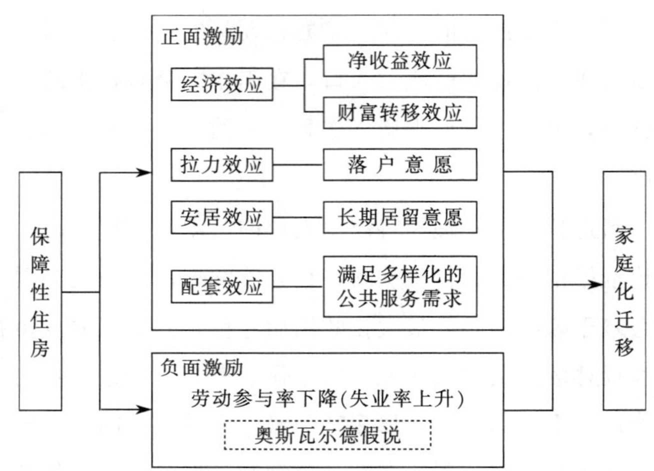

图 4-5　保障性住房影响流动人口家庭化迁移的机理分析

4.4　保障性住房影响社会融合的机理研究

加快农业转移人口市民化要求保障农业转移劳动力在城市稳定居住和就业，也要求该群体能平等享有使用城市各类公共服务的权利，增强幸福感和获得感，增进城乡居民之间的社会融合。然而，城乡二元户籍制度对我国经济社会的发展产生了长远的影响，以户籍为载体的公共服务供给也存在着“二元差异”，城市的住房资源、公共教育资源、社会保障等基本公共服务的非均等化供给加剧了流动人口和户籍人口的“社会分割”。与此同时，随着我国流动人口的规模逐渐扩大，家庭化迁移的多元化需求与城市公共服务不均衡发展之间存在矛盾，导致城市中频繁出现“候鸟式迁移”的现象，不利于城市平稳健康可持续发展。满足外来迁移劳动力的基本住房需求，才能逐步提高外来迁移人口在城市的生存就业、教育医疗、养老保障的能力。作为我国社会保障体系中的重要组成部分，保障性住房是国家构建的生活“安全网”和社会“稳定器”，不仅体现了政府保障社会中低收入阶层的基本居住权，促进社会的公平正义；也体现了政府发挥公共服务职能，促进社会的和谐稳定。要发挥保障房的基础功能，保障城市中低收入家庭的居住权、改善该群体的居住环境，必须要明确保障房的定位，厘清住房保障与其他基本公共服务的关系，才能更好地实现对中低收入群体的保障作用，促进外来迁移劳动力真正融入城市。

4.4.1　住房与公共服务的捆绑效应

基本公共服务是基于一定社会共识，以保障全体公民生存和发展需求为目的，以政府为主体为所有公民提供的适应经济社会发展的公共服务，涵盖了住房、就业、就医、养老和教育等方面的公共服务。在基本公共服务均等化的要求下，住房作为迁移者进入城市需解决的首要问题，满足基本住房需求成为其成功融入流入地并实现持久性迁移的重要标志。随着经济的转型升级和城镇化进程的不断推进，进城农民工的整体生存状况得到较大改进，但高昂的房价难以使收入水平较低的农民工群体具备购买能力，主要通过租赁住房或居住员工宿舍等解决其在流入地的住房问题。2017 年 1 月，我国提出“国家建立健全基本住房保障制度，加大保障性安居工程建设力度，加快解决城镇居民基本住房问题和农村困难群众住房安全问题，更好保障住有所居”[①]。由此可见，基本住房保障已被明确成为新时期我国基本公共服务均等化的重要内容和实现路径，这要求我国大力加强以流动人口和中低收入家庭为主体的住房保障建设，并提高城市公共服务的均衡发展，以降低住房与城市公共服务的捆绑效应对户籍人口和流动人口产生的非均等化供给。

第一，城市的公共资源与公共服务具有空间集聚效应与空间溢出效应，公共服务与其周围住房的捆绑效应将抬高城市房价，资本化公共资源和公共服务，使大规模低收入外来劳动力的住房等基本需求难以得到满足，不利于该群体顺利融入城市。由于城市中大部分的公共资源和公共服务都集中在中心城区，在公共服务和公共资源有限的情况下，会优先向其周边区域的住户进行供给，这种集聚性又会溢出到周边的住房上，导致公共服务和公共资源集中的区域房价上涨，城市

① 2017 年 1 月发布的《“十三五”推进基本公共服务均等化规划》。

房价会依据公共服务的供给和布局状况呈现出明显的空间非均衡性。公共服务与住房的捆绑效应在一定程度上导致了基本公共服务资本化，住房所吸附的公共资源和公共服务的价值构成了住房的主要价值。对于进城务工人员来说，缺乏足够的经济条件来支持其居住在公共服务和公共资源供给充足的中心城区，也无法分享这些集中的优质公共服务和公共资源。进城务工人员日益增长的住房保障需求与现阶段我国公共服务承载能力不足之间存在矛盾，导致该群体只能选择居住在远离城市中心的低成本住房的地区，居住地理的隔离也进一步催生了心理隔离，阻碍了进城农民工提升留城意愿和市民化意愿。

第二，住房自身带有的经济社会属性是进城务工人员参与社会经济的“门票”。“学区房”是住房与公共服务使用上的一个明显体现。作为我国公共资源的重要组成部分，教育资源在城市的不同收入家庭之间存在分配不均衡，学区房是一个典例。有能力购买学区房的家庭能让孩子进入学区范围内的学校，并接受良好的基础教育，“以房择校”使下一代接受高质量的教育以提升孩子的学习水平，家长望子成龙的心理刺激学校周边的学区房房价居高不下。即使比普通商品房的住房价格和租金更高，学区房也能在住房市场上备受家庭的青睐。高价的学区房进一步提高了难以支付普通住房的进城务工人员及其孩子的留城门槛，阻碍了该群体顺利融入城市。此外，城市社区服务也是住房影响公共服务供给的重要方面。在城市生活中，社区服务是结合政府、社区和数字化平台等各方面力量直接为社区成员提供的各项基本公共服务，如老年照料、社区医疗服务、社区文化生活以及就业与社会保障等方面的服务，但享有社会服务的前提条件是拥有在社区的辖区范围内的稳定住所，而大多数进城农民工租住在位置偏离城市中心，居住环境和居住条件远不及城市社区的地方，交通和配套设施难以满足该群体工作生活等便利性需求。因此，保障性住房是该群体实现拥有稳定住所并参与城市发展的有利模式，应加大保障房的建设规模并完善社区配套设施建设，促进农民工顺利享有住房和便利的配套服务，从而积极参与经济社会。

第三，居住证制度的核心是享有各项基本公共服务，只有获取居住证才能平等获得各种城市公共服务。自 2016 年 1 月 1 日我国正式实施《居住证暂行条例》以来，持有居住证便可享受基本公共就业、基本公共卫生服务、社会保险、住房公积金、义务教育等 6 项基本公共服务。当前，在我国户籍制度存在的前提下，城市都实行居住证制度来管理流动人口，同时保障流动人口公共服务均等化供给。从各地申请居住证的条件来看，在城市合法稳定居住是其中的必要前提。因此，外来迁移劳动力要想在城市中长期生存就业，必须拥有合法稳定的居住条件，获得城市认可的居住证，才有权利享受各方面的城市公共服务。较低收入水平的农民工通常以租赁方式解决住房问题，倾向于价格较低的房屋，导致居住环境较差，设施不齐，甚至存在安全隐患，而具备安全和舒适的保障性住房能满足该群体在城市的居住需求。

4.4.2　住房保障对社会融合的推动效应

作为在流入城市生存和发展的前提，住房保障是全面融入迁移地最基础的保障。若流动人口难以实现在流入地的生存立足，将极大地制约其在其他方面的发展（杨菊华，2015）。通常，流动人口在户籍制度及其他制度的制约下，平等享受本地的公共服务的机会有限，被隔离在城市的边缘，成为城市融入最大的制度障碍。我国的城镇化呈现出明显的“半城镇化”特点，其中一大重要原因是流动人口的社会融入程度较低（肖子华 等，2019）。2003 年欧盟《社会融合联合报告》将社会融合定义为：为存在一定社会风险或社会排斥的人口提供全面参与经济、社会和文化生活的机会和资源，使其在城市中享受正常的生活和社会福利。社会融合是实现流动人口职业身份和社会身份转变的重要途径，也是实现人口城镇化的关键步骤（淦未宇 等，2019）。随着社会融合程度的提高，流动人口在城市安家立业的可能性也将提升，在城市的归属感也越强，会进一步带动其他家庭成员的迁移（刘燕，2013）。从单独式外出到家庭化迁移的转变也意味着流动人口城市生活的程度加深，即家庭化迁移能促进流动人口更加积极主动地融入城市（李代 等，2016；王春超 等，2017）。可见，流动人口在城市中的社会融入是流动人口获得身份认同，实现家庭化迁移的重要环节。

保障性住房不仅是政府为流动人口解决住房问题的有力举措，也是流动人口在迁移城市生存就业和社会融入的必要条件。当前我国的流动人口正处于“选择融入”阶段，流动人口的整体融入程度仍然较低。住房能从心理上减少流动人口的漂泊感，增强流动人口对于“本地人”的身份认同感（徐延辉 等，2019）。在城市中拥有稳定的居留住所，增加了流动人口与当地人的交往机会，在一定程度上改善了长期存在的“空间隔离”状况，提高了流动人口的社会融入程度（熊兢，2018）。流动人口在城市的稳定居留住所主要包括自购商品房、自建房和保障性住房等，而自购商品房和自建房对流动人口的经济实力要求较高，在当前的经济结构和流动人口的特殊阶层属性下还难以实现，而适当调整相关住房政策，如加大保障性住房向流动人口群体的供给，或是改进流动人口城市融入进程的着力点，从制度设计的角度来看也更符合家庭化迁移的现实需求（陶霞飞，2020；何炜，2020）。王子成等（2020）发现自购房对促进流动人口在城市的社会融合作用效果最显著。对于不具备购房能力的流动人口来说，获得保障性住房比住在单位宿舍更能促进其城市融入，该促进效果也高于社会租赁住房。在大量流动人口自购住房存在困难且租住边缘化的情况下，通过公共租房解决居住问题是流动人口社会融入的有效途径，这源于公租房具有降低城市的居住分异或者贫困聚集的效果，促进了流动人口在流入地的经济融入、社会融入和文化融入。

从公共服务的角度来看，流动人口在流入地获得稳定的住所不仅有利于该群体更好地生存就业，也有利于其获得更多城市提供的各项公共服务。公共服务的供给主体是地方政府，那么拥有保障性住房的群体与居住在商品房的城市市民相比，获得公共服务的边际效益更强（李斌 等，2018）。与此同时，地方政府是实现社会资源的重新分配和基本住房保障的均等化的有效主体，保障流动人口获得公平参与分配城市住房资源的权利，将进一步缩小城市中不同社会阶层公共服务的享有水平，推进城乡经济社会的一体化发展（郑洁熹，2020）。此外，从居住地环境的角度来看，营造良好的社区环境也有助于流动人口的社会融入。研究表明，流入城市的制度排斥造成空间的居住隔离和心理的认同割裂，不利于外来人口在城市长期的稳定生存与发展。社区不仅是流动人口在城市生活的落脚点，也是为其提供各项完备公共服务的基础平台，如果流动人口居住的社区能为其提供安全稳定的公共空间、完善完备的公共服务，充分发挥流动人口与城市之间、流动人口与城市市民之间的桥梁作用，推进社会服务对流动人口的物质帮扶和精神关怀，将有利于提升流动人口的社会认同感与社会融入水平，进一步推进市民化水平。综上所述，保障性住房的有效供给有利于促进流动人口的社会融入与推进流动人口的家庭化迁移。

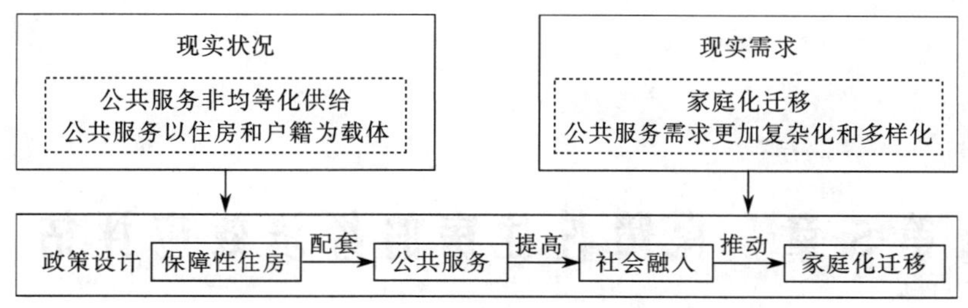

图 4–6　保障性住房的配套效应

第 5 章　保障性住房的经济效应评估

5.1　保障性住房的收入再分配效应

5.1.1　理论分析框架

1. 保障房的收入再分配效应

地方政府通过保障性住房这种特殊的“转移性支付”，为中低收入家庭提供“兜底”保障，缓解其住房困难问题，一定程度上使得社会收入分配更均衡，即保障性住房供给具有收入再分配效应。保障性住房的收入再分配效应的发挥主要有三条路径：影响国民收入的初次分配、二次分配和居民的财产性收入。首先，保障性住房影响国民收入初次分配路径表现为促进就业增长。作为安居工程的重要内容，保障性住房建设项目不仅自身创造了大量就业岗位，而且拉动了保障房配套基础设施建设、运输业、社区服务业等关联产业的发展，进一步拓展了就业空间，提高了社会公众就业的可能性。其次，作为“准公共物品”，财政资金投入尤其是地方财政资金投入是保障性住房建设资金的主要来源，可视为对住房保障对象的转移性支付，直接补贴给中低收入群体。同时，保障房供给增加也一定程度上降低了中低收入群体的住房负担，间接起到对中低收入群体“转移性支付”的作用，从而达到缩小居民收入分配差距的目的，发挥其收入再分配效应。最后，房价作为居民“财富转移效应”的催化剂，高收入群体占据了更多住房资源，而房价上涨推动了有房群体财产性收入上涨，进一步提高其收入水平，高收入有房群体成为房价上涨的持续受益者。但是，对于无房家庭而言，房价的上涨将增加他们买房和租房的成本，造成家庭间较大的财产收入不平等。保障性住房以较低的价格或租金为城镇的低收入群体提供稳定的居留住所，降低了中低收入群体的住房成本和对商品房的需求，有利于平滑家庭间的财产收入不平等。

2. 理论模型：EV 等价变换模型

如图 5-1 所示，受保障的中低收入家庭以低于市场价格 P_s 入住保障房，而高收入家庭按照市场价格 P_c 购买商品住宅，即 $P_s<P_c$，因而在购买相同住房面积 S 的需求下，住房保障对象获得了来自政府支出的“转移支付”，成为中低收入家庭的隐形收入，其保障性住房福利近似看作商品房支出与保障房支出的价格差异，记作（P_c-P_s）$*S$。但是，值得指出的是，这种估计方法只考虑了商品房与保障房价格差异带来的替代效应，而忽视了保障房获准低价所带来的收入效应。

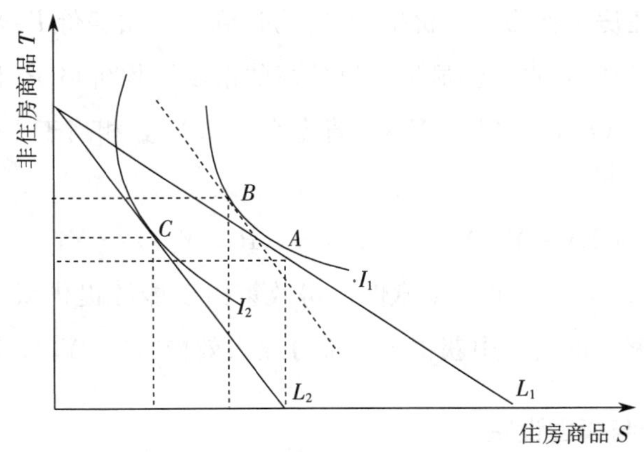

图 5-1　EV 等价变化示意图

因此，综合考虑保障房获准低价带来的替代效应与收入效应，基于希克斯补偿性需求进一步考察中低收入受保障家庭的综合福利水平。假定市场中仅存在两类商品：住房消费品与其他消费品；所有的消费者都是“理性经济人”；消费者的效用函数设定为柯布道格拉斯函数形式。受保障家庭的效用最大化问题可表示为：

$$\begin{cases}\max\limits_{(C,H)} U(T,S)=T^{\alpha}\,(\gamma_s+S)^{1-\alpha}\\ \text{s. t.}\,Y=T+P(\gamma_s+S),S\geqslant \underline{S}\end{cases} \tag{5-1}$$

其中，U 是效用水平，Y 是消费者的收入，T 是价格标准化为 1 的非住房消费品，γ_s 是消费者维持生活的基本住房需求（也可以是租房形式），S 是除基本住房支出之外的住房需求（由于住房是大宗消费品，不具有无限可分性，令 $\underline{S}$ 表示住房的最低购买单位），P 是住房价格。图 5-1 表示中低收入家庭购买、租住保障性住房前后的福利水平变化。

受保障家庭在享受住房保障政策之前，实际收入 Y_0，住房市场价格为 P_c，对应预算线为 L_2，与无差异曲线 I_2 相切于点 C，达到效用最大化。当获准享受住房保障政策，对应的住房价格为 $P_s<P_c$，预算线右移到 L_1，与更高的效应水平 I_1 相切于点 A，实现效用最大化。也就是说，受保障家庭获得低于市场平均住房价格，引起总效用增加（I_1-I_2）。

基于希克斯分解法，引入补偿预算线①，从而将效用变化转化为收入变化。作一条平行于 L_2 且与无差异曲线 I_1 相切于点 B 的补偿预算线。此时对应收入水平 Y，等价于在住房价格为市场价格 P_c 时为达到与补贴房价 P_s 状态下同等的效应水平 I_1 所需要的收入水平。显然，以较高的市场平均价格 P_c 满足价格补贴后的 I_1，最低开支 $e(P_c, v(P_s, Y_0))$ 肯定会超出 Y_0，相当于受保障家庭获得的收入效应：

$$\mathrm{EV}=Y-Y_0=e(P_c, v(P_s, Y_0))-Y_0 \tag{5-2}$$

从等式（5-2）可以看出，保障性住房政策由于能够提供低于市场平均价格的住房，受保障家庭确实从中获得了一部分收入效应（$Y-Y_0$）。

5.1.2 评估方法与模型设定

保障性住房供给的收入再分配效应可以采用包括时期、截面、变量的面板模型进行估计，基准回归模型如下：

$$\mathrm{gini}_{it}=a_0+a_1\,\mathrm{Ahouse}_{it}+a_2\,X_{it}+u_{it}+\varepsilon_{it} \tag{5-3}$$

其中，Ahouse 为保障性住房供给，包括经济适用房供给和廉租房供给，i 表示省份，t 表示年份，是不可观测的个体异质性，是随机误差项；X 是上文所述可能影响收入差距的控制变量。被解释变量——基尼系数的具体计算方法如下：

① 平新乔《微观经济学十八讲》。

首先，根据各省份历年统计年鉴中“城镇居民人均可支配收入”这一指标将收入五等份，各收入组的人口数在总人口数的比重为 1/5；其次，依次计算每组累计收入总量在全部人口总收入中的比例。从几何学上来看，这种方式是将洛伦兹曲线与绝对平均线之间的弓形区域进行了均等分组，采用计算近似梯形的面积来计算基尼系数。

假设所有城镇居民样本均等分 n 组，则每组人口为总人口的 $1/n$，同时假定 w_i 为第 i 组人口的累积收入总量占全部人口总收入的比例，则相邻两组之间形成直角梯形上下底，而所有直角梯形的高度均为每组人口数量，由于每组人口数量均分总人口数量，即直角梯形高度为 $1/n$。由此可知，第一组收入占总收入比重为 w_1，以此类推到 w_n，则 $\sum w_i = 1$ 。

第 i 组平均收入水平为 y_i，该组在全部收入份额中的比重为：

$$w_i = \frac{y_i}{\sum_{i-1}^{n} y_i} \tag{5-4}$$

则洛伦兹曲线以下部分面积 B 可以近似计算为所有小梯形面积之和，公式如下：

$$\begin{aligned} B &= \frac{1}{2} \cdot \frac{1}{n}\ (W_0 + W_1)\ + \frac{1}{2} \cdot \frac{1}{n}\ (W_1 + W_2)\ + \cdots + \frac{1}{2} \cdot \frac{1}{n}\ (W_{n-1} + W_n) \\ &= \frac{1}{2} \cdot \frac{1}{n}\ (2W_0 + \cdots + 2W_{n-1} + 1) \\ &= \frac{1}{n}\sum_{i=1}^{n-1} W_i + \frac{1}{2} \cdot \frac{1}{n} \end{aligned} \tag{5-5}$$

根据洛伦兹曲线，利用微积分与几何知识可知，基尼系数为：

$$\begin{aligned} \text{gini} &= \frac{A}{A+B} = \frac{(A+B)-B}{A+B} \\ &= \frac{\frac{1}{2} - \frac{1}{n}\sum_{i-1}^{n-1} W_i - \frac{1}{2} \cdot \frac{1}{n}}{\frac{1}{2}} \\ &= 1 - \frac{1}{n}\left(2\sum_{i-1}^{n-1} W_i + 1\right) \end{aligned} \tag{5-6}$$

综上所述，本书使用的计算基尼系数的公式为：

$$\text{gini} = 1 - \frac{1}{n}\left(2\sum_{i-1}^{n-1} W_i + 1\right) \tag{5-7}$$

5.1.3 数据来源与变量选择

本部分主要利用省级层面经适房数据、廉租房数据以及其他经济社会发展指标数据进行实证研究①。

首先，研究保障性住房的收入再分配效应，以基尼系数来表示收入不平等程度，基尼系数由高到低表示收入不平等程度下降。核心解释变量为保障性住房供给，分别以产权型保障房和租赁型保障房为主要考察对象。其中，经适房是住房制度市场化改革以来最早的保障性住房形式，且政策存续期最长，数据最为集中，因此采用经适房销售面积（对数）作为产权型保障房供给的代理变量，反映我国在保障性住房方面的实施力度。尽管经适房在实际供给过程中可能存在保不应保、户籍限制、变相福利房等争议，但仍然不可否认其对收入再分配的效应。对于租赁型保障房，受限于数据可得性，采用省级层面廉租房计划供给面积作为廉租房供给的代理变量，同时，租赁型保障房收入再分配效应的实证研究可以作为产权性保障房收入再分配效应回归的稳健性检验。

其次，除上述核心变量之外，考虑到宏观经济发展对收入不平等的影响，文章选择了以下省域社会经济指标作为外生控制变量。具体包括：(1) 省级经济发展水平（人均 GDP 的对数）。相关研究证实，经济发展水平达到一定程度后，会扩大收入差距（王永等，2020），因此本部分预测经济发展水平实证系数为负。(2) 城镇化率。以城镇年末常住人口占总人口的比重作为城镇化率的衡量指标。(3) 产业结构（tertiary）。亦即经济结构，以第三产业增加值在地区总产值中的比重作为衡量指标。张志新等（2020）通过研究发现，总体而言，产业结构升级对我国收入不平等存在负向影响，但对中部地区，产业结构升级对收入不平等影响呈现为倒 U 形的右半部分，表现为负向。(4) 金融发展水平。以地区金融产值占该地区生产总值的比例来衡量。由于金融市场进入需要一定的资本和金融知识，门槛较高，在初期，穷人无法进入金融市场以获得投资回报，此时，金融发展会扩大收入差距。但是，随着金融知识的普及，金融发展程度进一步加

① 其中经济社会发展数据来源于 1999—2015 年《中国统计年鉴》，由于数据缺失，经适房数据和廉租房数据分别截至 2010 年和 2014 年，分别来源于《中国房地产统计年鉴》和国土资源局统计数据（下同）。

深，不同收入水平的群体参与金融市场以期获得高额收益，将会缩小收入不平等程度（张洁等，2021）。因此，本部分预测，若我国处于金融发展早期阶段，显示金融发展会增加城镇居民不平等程度，即系数为正；若我国金融发展水平处于拐点之后，金融发展会降低城镇居民收入不平等程度，即系数为负。(5) 社会保障力度。以社会保障支出①占地方政府一般预算内收入的比重来衡量，一定程度上可以解释地方政府改善居民社会保障的政策支持力度。社会保障制度的不断完善可以降低居民的相对贫困程度，一定程度上缩小城镇居民的收入不平等（耿晋梅，2020）。但由于目前我国社会保障仍然存在一些不合理的制度安排，社会保障支出对收入不平等的调节作用不明朗。各变量的描述性统计结果如表 5-1 所示。

表 5-1　收入再分配效应相关变量描述性统计

变量	变量定义	有效样本量	均值	标准差	最大值	最小值
gini	收入不平等：基尼系数	410	0.284	0.029	0.4	0.204
Ahouse	经适房供给：经济适用房销售面积（对数）	357	13.609	1.039	15.042	7.972
urban	城镇化率：城镇常住人口/地区常住总人口	458	0.485	0.151	0.896	0.209
finance	金融发展：金融业总产值/GDP	465	0.044	0.028	0.171	0.002
tertiary	产业结构：第三产业总产值/GDP	465	0.407	0.085	0.795	0.192
insurance	社保力度：社会保障支出/一般预算支出	465	0.131	0.042	0.26	0.036
open	对外开放程度：进出口贸易总额/GDP	465	0.316	0.394	1.721	0.036
GDP	地区经济发展：地区人均 GDP（对数）	465	9.446	0.685	11.21	7.814

5.1.4　模型估计结果与分析

表 5-2 是以经适房为代表的产权型保障房供给增加和以廉租房为代表的租赁型保障房供给增加所带来的收入再分配效应。同时，廉租房供给增加的收入再分配效应回归可以作为经适房供给增加收入再分配效应的稳健性检验。从回归结果看，廉租房和经适房供给对基尼系数影响的大小、方向以及显著性都未发生明显

① 数据来源：国家统计局。由于 2007 年后社会保障指标的统计口径有所变化，故文中所用数据根据前后口径、指标解释计算得到。http://www.stats.gov.cn/tjsj/ndsj/2008/indexch.htm。

变化，可以看出，保障性住房收入再分配效应的估计结果是稳健的。

具体而言，对经适房销售面积分别使用混合最小二乘法、随机效应以及极大似然进行回归。模型（1）～模型（3）回归结果显示，经济适用房供给面积增加1%，基尼系数下降约0.004，且在5%的显著性水平上显著。表明经济适用房供给增加具有明显的收入再分配效应，能缩小城镇居民收入差距，即产权型保障房供给增加可以通过变相的转移支付降低城镇居民内部的收入不平等。同样，对廉租房计划供给面积分别使用混合最小二乘法、随机效应以及极大似然进行回归。模型（4）～模型（6）回归结果显示，廉租房供给面积增加1%，基尼系数减小约0.003，且在5%的显著性水平上显著，表明廉租房供给增加具有明显的收入再分配效应，即租赁型保障房供给增加同样可以通过变相的转移支付降低城镇居民内部的收入不平等程度。现实中，住房可以看作是居民家庭最重要的固定资产之一，由于我国较高的房价收入比，住房购买支出成为中低收入家庭支出的主要部分。由此，中低收入家庭高昂的住房开支挤占了家庭的资本积累，使得我国大部分中低收入家庭背上沉重的经济负担，进而降低其通过资本积累改善收入水平的可能性。我国保障性住房的保障范围为城镇中低收入阶层居民，正是通过上文讨论的这种财富效应，使得我国中低收入阶层居民家庭财富总量增加，并且可以一定程度上提高其家庭资本积累的速度，从而增加中低收入家庭提高自身收入水平的可能性。

表5-2　保障性住房收入再分配效应回归结果

	产权型保障房收入再分配效应			租赁型保障房收入再分配效应		
	P _ OLS	RE	MLE	P _ OLS	RE	MLE
gini	(1)	(2)	(3)	(4)	(5)	(6)
Ahouse	−0.009***	−0.004**	−0.004**			
	(0.001)	(0.002)	(0.002)			
ch _ housing				−0.005**	−0.003**	−0.003**
				(0.002)	(0.001)	(0.001)
urban	−0.084***	−0.137***	−0.139***	−0.105**	−0.151**	−0.149***
	(0.028)	(0.0353)	(0.036)	(0.049)	(0.061)	(0.057)
finance	−0.240***	−0.101	−0.093	−0.748***	−0.402*	−0.427*
	(0.086)	(0.086)	(0.086)	(0.177)	(0.240)	(0.233)

续表

	产权型保障房收入再分配效应			租赁型保障房收入再分配效应		
	P _ OLS	RE	MLE	P _ OLS	RE	MLE
gini	(1)	(2)	(3)	(4)	(5)	(6)
insurance	0.034	0.127**	0.134**	0.009	0.099	0.100
	(0.041)	(0.056)	(0.057)	(0.091)	(0.096)	(0.093)
open	0.046***	0.042***	0.042***	0.021	0.046***	0.044***
	(0.007)	(0.010)	(0.010)	(0.015)	(0.017)	(0.017)
GDP	0.012***	0.019***	0.019***	0.024**	0.021**	0.022**
	(0.004)	(0.004)	(0.004)	(0.010)	(0.010)	(0.010)
tertiary	−0.060**	0.027	0.032	0.099*	0.008	0.015
	(0.027)	(0.031)	(0.031)	(0.052)	(0.070)	(0.068)
N	281	281	281	153	153	153

注：括号内为标准误；***、**、* 分别表示在 1%、5%、10%的显著性水平上显著。

对于其他控制变量，城镇化率回归系数显著为负，表明随着城镇化进程的推进，产业结构加速转型升级，公共服务均等化水平提高，能显著提高居民的实际收入水平，从而降低城镇居民收入不平等程度。城镇经济发展水平系数显著为正，即人均 GDP 增加反而扩大了城镇居民收入差距。由于收入库兹涅茨曲线具有明显的倒 U 形特征，现阶段我国仍然处于收入库兹涅茨曲线前半部分，随着收入水平增加，居民收入差距反而扩大，陷入“中等收入陷阱”。因此，逐步过渡到收入库兹涅茨曲线后半部分，实现收入水平提高与收入不平等程度降低的双重目标，跨越中等收入陷阱，成为我国现阶段的重要任务。现实中，城镇经济发展为劳动者提供了更多就业机会，在一定程度上可以提升其工资水平，但与此同时，经济发展带来的物价水平提高、房价飞升等问题使得以固定工资性收入为主要收入来源的中低收入家庭难以真正实现基本积累以提升其实际收入水平，所以城镇经济发展水平提高的现实结果是高收入家庭实际收入提高而中低收入家庭实际收入降低。对外开放程度（open）的回归系数在 1%的显著性水平上显著为正，其经济学含义为开放程度每提高 1 点，我国城镇居民基尼系数将提高 0.042，城镇居民收入不平等程度扩大。现实中，对外开放程度更多地体现在增加对外投资以及对外贸易，其进入门槛高，资本需求大，普通居民很难参与其中，对外开放程度给中低收入阶层居民带来的收入提高远没有高收入阶层居民通过对外投资与贸易获得的收入高，反而扩大了城镇居民收入不平等程度。

部分控制变量回归结果不符合经济学直觉，如第三产业占比系数为负，但并不显著，即产业结构改善反而可能扩大了城镇居民的收入差距，原因可能在于我们在回归模型中同时控制金融业产值占比，从而弱化了产业结构改善对收入差距的影响。此外，政府社会保障支出占比系数同样显著为正，政府社会保障投入力度越大，城镇居民的收入差距反而扩大。原因可能在于现阶段我国社会保障投入明显以经济建设为目标，政府支出更多投向基础设施建设等项目，不利于中低收入人群的福利增进，在某种程度上会拉大收入差距。现实中，我国政府机构、国有企业和事业单位居民基本社会保障体系覆盖较为全面，而大量城镇中低收入居民游离于社会保障体系之外，无法享受城镇居民福利体系带来的好处，尤其在住房保障和医疗保障方面支出高昂，加剧了我国中低收入家庭因病致穷、难以完成资本积累的窘境。

5.1.5 保障房收入再分配效应的异质性分析

表 5-3 分别给出了保障性住房收入再分配模型的静态和动态面板模型估计结果。其中（1）（2）列考虑了区域差异，在模型中引入东（east）、西（west）部虚拟变量，分析保障房收入再分配效应的区域性差异。由第（1）列回归结果可以看出，东、西部变量系数为正，但并不显著，进一步，其与保障性住房供给交互项的系数也不显著，说明保障性住房的收入再分配效应并没有明显的区域性差异。第（2）列加入了地区经济发展水平与东西部虚拟变量的交互项，回归系数显著为正。东西部虚拟变量系数由正转负，且在 10％的显著性水平上显著，但系数估计值在数值上小于交互项系数，这说明，东、西部地区经济发展能显著扩大城镇居民收入不平等程度，但二者机制不同。对于东部地区而言，较高的经济发展水平往往伴随着高消费水平和物价水平，因此对以固定工资收入为主要收入来源的中低收入群体而言，东部地区较高的经济发展水平反而扩大了其收入不平等程度。在西部地区，国家对西部地区的政策支持是推进其经济发展的主要动力，但主要的产业扶持政策均集中于资本进入门槛较高的行业，中低收入群体难

以获得政策支持，因此西部地区的经济发展反而扩大了其城镇居民的收入不平等。进一步，为控制我国住房制度演进带来的内生性问题，第（3）（4）列在方程中加入了制度因素[①]，估计结果显示，制度因素的估计系数为正，表明 2007 年一系列保障性住房政策的出台，并未缓解城镇居民收入不平等问题，反而由于现阶段我国保障性住房制度的不完善，扩大了收入不平等程度。但是，制度因素与保障房供给交互项的估计系数显著为负，表明 2007 年以来一系列住房相关政策强调住房重新回归住房属性，极大地刺激了住房市场，能部分缓解住房制度不完善引起的城镇居民收入不平等的扩大。第（4）列是在第（3）列之上剔除了金融发展水平变量，结果发现各变量的大小、方向以及显著性几乎没有发生变化，说明是否包含金融产值占比对于估计结果并无明显影响。

表 5-3 的第（5）（6）列显示了采用系统广义矩估计法（sys-GMM）的动态面板模型估计结果，该模型设定下进行的各方面检验表明系统广义矩估计法是一致有效的。首先，残差自相关检验显示，AR（1）分别为 0.028、0.0345，均小于 0.05，则认为残差项存在一阶自相关，AR（2）检验结果显示接受原假设，不存在二阶自相关，说明该模型的残差序列不存在自相关的情况。其次是过度识别检验。该检验下的 Sargan 统计量的 p 值均大于 0.1，排除了过度识别问题，说明在该动态面板模型下差分 GMM 估计法中采用的工具变量是外生有效的。从因变量的滞后项来看，收入差距确实存在自相关问题，且一阶滞后项对当期影响显著为正，说明基尼系数的变动存在着某种“惯性”，二阶滞后项的影响则显著为负，原因可能是一系列缩小居民收入不平等的政策存在滞后性。同样，政策因素对于收入差距以及对保障性住房供给的再分配效应的影响与前面基本没有变化。对于其他主要控制变量，其估计结果保持稳健，与表 5-2 中的估计结果基本一致，不再赘述。

① 选取 2007 年作为制度因素的代理变量，2007 年作为我国住房制度改革的重要转折时期，出台了一系列住房政策，如《国务院关于解决城市低收入家庭住房困难的若干意见》《经济适用房管理办法》《廉租房管理办法》等，强调住房回归居住属性，在一定程度上极大地刺激了住房市场。

表 5-3　保障性住房供给的再分配效应的差异性分析

变量名	静态面板				动态面板	
	(1)	(2)	(3)	(4)	(5)	(6)
L. gini					0.132**	0.0629
					(0.0673)	(0.0992)
L2. gini					−0.104***	−0.141***
					(0.0238)	(0.0244)
Ahouse	0.00120	−0.00478**	−0.00344*	−0.00344*	−0.00247*	−0.00223**
	(0.00482)	(0.00196)	(0.00196)	(0.00196)	(0.00136)	(0.000963)
urban	−0.137***	−0.144***	−0.142***	−0.140***	−0.137***	−0.131***
	(0.0360)	(0.0379)	(0.0357)	(0.0357)	(0.0225)	(0.0259)
finance	−0.117	−0.128	−0.0983		−0.0968***	−0.0719***
	(0.0871)	(0.0881)	(0.0870)		(0.0212)	(0.0231)
insurance	0.118**	0.119**	0.141**	0.147***	0.0687**	0.0530
	(0.0568)	(0.0588)	(0.0562)	(0.0561)	(0.0347)	(0.0431)
open	0.0403***	0.0397***	0.0447***	0.0439***	0.00735	0.0119***
	(0.0107)	(0.0111)	(0.00984)	(0.00985)	(0.00494)	(0.00422)
GDP	0.0191***	0.00971	0.0194***	0.0185***	0.0135***	0.0116***
	(0.00428)	(0.00621)	(0.00425)	(0.00416)	(0.00291)	(0.00355)
tertiary	0.0236	0.0282	0.0224	0.0157	0.0516***	0.0592***
	(0.0310)	(0.0315)	(0.0310)	(0.0304)	(0.00833)	(0.0107)
Aho _ east	−0.00745					
	(0.00619)					
Aho _ west	−0.00669					
	(0.00538)					
GDP _ east		0.0134*				
		(0.00746)				
GDP _ west		0.0124*				
		(0.00672)				
east	0.106	−0.124*				
	(0.0859)	(0.0728)				

续表

变量名	静态面板				动态面板	
	(1)	(2)	(3)	(4)	(5)	(6)
west	0.0931 (0.0745)	−0.116* (0.0637)				
policy			0.0663* (0.0377)	0.0689* (0.0376)		0.0314*** (0.0103)
Aho _ policy			−0.00501* (0.00277)	−0.00517* (0.00276)		−0.00257*** (0.000774)
constant	0.109 (0.0819)	0.281*** (0.0693)	0.170*** (0.0486)	0.176*** (0.0482)	0.213*** (0.0524)	0.252*** (0.0521)
N	281	281	281	281	222	222
AR (1)					0.028	0.0345
AR (2)					0.2774	0.0953
Sargan test					0.3375	0.4860

注：括号内表示估计标准差，*表示 $p<0.1$，**表示 $p<0.05$，***表示 $p<0.01$。AR (1)、AR (2) 和 Sargan test 均为自相关检验和过度识别检验所汇报的 p 值。

5.2　保障性住房的挤出效应

5.2.1　理论分析框架

1. 保障房对商品房的挤出效应

保障性住房在满足居民的基本住房需求、提高社会福利等方面发挥了积极作用，但是相关研究对于保障房与商品房之间的相互作用的有关讨论相对有限，且并未得到一致结论。

学界普遍认为，从供给角度出发，增加保障房供给一定程度上会对商品房市场造成“挤出效应”。一方面，保障性住房的大规模建设增加了保障房供给总量，同时为了实现对低收入群体住房需求的“托底”保障，保障性住房的定价通常也较低，极大满足了中低收入群体的部分刚性住房需求，一定程度上缓解了社会整体住房总量的不足，对高价的商品住房形成一定的替代和需求分流，达到抑制房价的作用，即形成对商品住房的“挤出效应”（李勇辉 等，2017）。另一方面，在总量一定的情况下，保障性住房建设的土地供给会对商品房市场土地供给产生挤出，而在利益驱动下，开发商甚至会抬高房价以弥补建设保障房的成本，从而对商品房价格产生正向溢出效应（刘广平 等，2019）。

2. 理论模型：住房市场供需分析

如图 5-2 所示，D 代表住宅市场需求曲线，S_1 表示没有公共住房供应时，住房的市场供给曲线，S_2 表示有公共住房供应的市场住房供给曲线。P_1、P_2 分别代表两种供求平衡状态时的市场均衡价格。由于公共住房的供给增加，住房市场均衡价格由 P_1 下降到 P_2，从而产生财富效应，相对增加了中低收入住房困难家庭的财富，城镇居民收入差距缩小。可以看出，保障性住房的供给通过影响住房价格和向低收入阶层提供政策性公共住房对社会财富进行了再分配。当住房市场没有公共住房供给时，住房市场供需均衡时的供应量为 Q_1；当公共保障性住房向市场供应 Q_3-Q_1 单位时，住房市场上的总房屋供应量并没有达到 Q_3，而是在（P_2，Q_2）点达到供需平衡，Q_3-Q_2 就代表了公共住房供给对私人部门住房供给的挤出效应。对比图 5-2 的（a）（b）两图可以发现，挤出效应的大小与住房供给的斜率有关，即在供给弹性不变的前提下，需求弹性越大，保障性住房供应增加对私人部门住房供给的挤出效应越小；反之，需求弹性越小，保障性住房供应增加对私人部门住房供给的挤出效应越大。

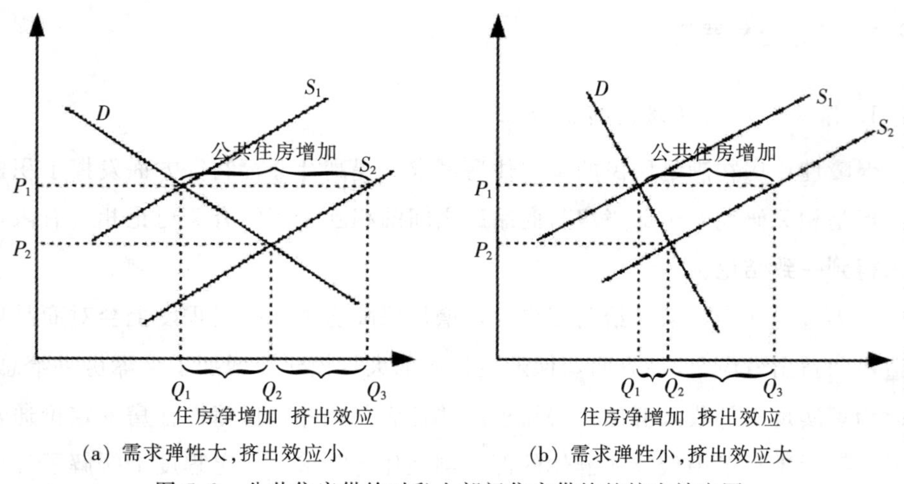

(a) 需求弹性大，挤出效应小　　(b) 需求弹性小，挤出效应大

图 5-2　公共住房供给对私人部门住房供给的挤出效应图

5.2.2 评估方法与模型设定

考虑到保障性住房对商品住房的挤出可能会削弱其再分配效应，设定如下固定效应模型，进行检验：

$$C\_housing_{it}=b_0+b_1\ Ahouse_{it}+b_2\ X_{it}+b_3\ policy_{2005}+b_4 policy_{2008}+u_i+\varepsilon_{it} \tag{5-8}$$

其中，$C_housing_{it}$表示商品住房销售面积对数，根据前文理论推导，X_{it}表示可能会对商品房供给产生影响的一系列控制变量。进一步，考虑到政策滞后性，根据学者对我国住房制度改革阶段[①]的划分，本部分以 2005 年和 2008 年作为政策实施节点，引入政策虚拟变量 $policy_{2005}$、$policy_{2008}$，对影响住房供需的政策因素加以控制。

为了考察政府政策在经适房供给水平与收入差距之间的调节作用，我们在式(5-8) 的基础上引入了政策因素与经适房供给（Ahouse）的交互项A_policy_{2005}和A_policy_{2008}，考察住房制度改革如何影响经适房的挤出效应。计量模型设定如下：

$$C\_housing_{it}=b_0+b_1\ Ahouse_{it}+b_2\ X_{it}+b_3\ policy_{2005}+b_4\ policy_{2008}+ b_5 A\_policy_{2005}+b_6\ A\_policy_{2008}+u_i+\varepsilon_{it} \tag{5-9}$$

同时，住房市场普遍存在“羊群行为”（高波 等，2008），新增供给同时会受到前期住房供给的影响，引入被解释变量的滞后值，将模型动态化，减轻可能由不可观测变量引发的内生性问题。因而上式可扩展为如下的动态面板计量模型：

$$C\_housing_{it}=b_0+b_1\ Ahouse_{it}+b_2\ X_{it}+b_3 policy_{2005}+b_4 policy_{2008}+ b_5 A\_policy_{2005}+b_6 A\_policy_{2008}+b_7 C\_housing_{i,t-1}+u_i+\varepsilon_{it} \tag{5-10}$$

本部分选用 Blundell 和 Bond（1998）的系统广义矩估计法（sys-GMM）对式（5-10）进行估计。相比差分广义矩估计法（dif-GMM），sys-GMM 同时采用

① 1998 年《关于进一步深化城镇住房制度改革加快住房建设的通知》明确了经适房在住房保障体系中的主体地位；2004 年建设部发布《经济适用住房管理办法》，经适房市场全民萎缩，各级政府以房地产业作为经济发展支柱产业；2007 年国务院发布《关于解决中低收入家庭住房困难的若干意见》，明确我国住房建设将由商品房转向保障房尤其是廉租房，强调住房回归居住属性。

了水平方程和一阶差分方程对应的矩条件计算最优权重矩阵，进一步扩大了可用工具变量的范围，增加了估计结果的有效性，是目前同时处理计量模型中被解释变量动态化和解释变量内生性问题、控制个体效应的最好的面板估计方法。基于此，本部分将以此估计结果作为最后的基准结果，并进行 Sargan 检验和 AR 检验以考察估计结果的有效性。

5.2.3 数据来源与变量选择

为了考察保障性住房有效供给增加是否会对住房市场产生挤出效应，本部分采用商品房销售面积（对数）作为被解释变量，采用经济适用房销售面积（对数）作为核心解释变量，实证分析保障性住房有效供给增加对住房市场商品房需求的影响。如果商品房销售面积随着经适房销售面积的扩大而减小，则证明保障房有效供给的增加对商品房市场具有挤出效应。同时，根据前文住房供需模型，我们还控制了其他可能对住房市场商品住宅供需产生影响的变量，如商品房房价、城镇居民可支配收入、单位土地成本（以房地产开发企业单位土地购置费用表示）、商品房建筑成本（以竣工房屋造价表示）、城镇老龄化程度（以老年抚养比，即 65 岁及以上人口数/劳动年龄人口 * 100% 表示）、住房政策。2004 年《经济适用住房管理办法》发布，经适房市场全民萎缩，各级政府以房地产业作为经济发展支柱产业；2007 年国务院发布《关于解决中低收入家庭住房困难的若干意见》，明确我国住房建设将由商品房转向保障房尤其是廉租房，强调住房回归居住属性。同时，由于政策滞后性，以 2005 年和 2008 年作为政策实施年份的虚拟变量，对影响住房供需的政策因素加以控制。

表 5-4　挤出效应相关变量描述性统计

变量	变量定义	有效样本量	均值	标准差	最大值	最小值
C _ housing	商品房需求：商品房销售面积（对数）	465	15.869	1.346	18.319	9.178
Ahouse	经适房供给：经适房销售面积（对数）	357	13.609	1.039	15.042	7.972
income	收入水平：城镇居民人均可支配收入（对数）	465	9.157	0.422	10.278	8.376
land _ cost	土地成本：房企单位土地购置费用	269	6.575	0.834	9.619	4.794
price _ house	房价：商品房价格（对数）	360	7.666	0.544	9.75	6.592
build _ cost	建筑成本：商品房竣工造价（对数）	360	7.134	0.359	8.07	6.416
aging	老龄化：老年抚养比	359	0.115	0.023	0.173	0.063

5.2.4　模型估计结果与分析

表 5-5 估计结果显示，产权性保障房和租赁型保障房都较好地发挥了降低城镇居民收入不平等程度的作用，收入再分配效应显著。但是，从系数估计值绝对大小来看，保障房对城镇居民收入不平等抚平作用较小。鉴于本部分所采用的收入不平等指标——基尼系数，在一定程度上低估了城镇居民的收入不平等程度，从而导致保障房收入再分配效应也可能被低估。同时，如前文所述，保障性住房的政策效果关键要看能否增加住房总面积，但是，从现实情况来看，保障性住房的增加，在降低住房支出、满足中低收入人群部分刚性需求的同时，会对商品房市场需求产生一定的分流，即原属于商品房消费群体的部分居民转向保障性住房。为此，下面对保障性住房的挤出效应进行检验，为前面阐述的数理模型提供定量分析依据。估计结果如表 5-5 所示。

表 5-5 前 3 列给出了固定效应模型的估计结果。模型（1）仅控制了时间效应。模型（2）和模型（3）未控制时间效应，但为了控制政策因素，分别在模型（1）的基础上加入政策因素和政策因素与经适房供给的交互项。从估计结果可以看到，C _ housing 的系数显著为正，模型（1）中经适房供给增加 1％，使住房市场总供给增加 0.09％，挤出了 0.91％；模型（2）中，在政策因素的影响下，经适房供给增加的挤出效应进一步增加，挤出了 0.941％；而在模型（3）中，加入政策因素和政策因素与经适房供给的交互项时，经适房供给增加 1％，住房总供给增加 0.227％，挤出 0.773％，挤出效应相对降低。此外，在模型（1）～模型（3）中，与预期相符，城镇老龄化程度增加，城镇居民收入水平提高，将增加居民对住房的需求，尤其是住房改善需求，而在土地财政背景下，土地成本上升使房价上涨，将抑制居民的住房消费需求。但三者显著性水平依次下降，这可能是由于住房市场的刚性需求在房价上涨的背景下，需要经过政府安居工程建设的宏观调控转化为有效需求，但是这个过程需要时间来完成。

表 5-5 的后 3 列利用 sys-GMM 法，考虑滞后一期和滞后二期的住房供给对住房市场上住房供给总量的估计结果。与前 3 列相比，系统广义矩估计的估计结果与固定效应模型的估计结果保持一致，核心解释变量估计系数的显著性和数值大小均未发生显著变化，证明结果是稳健的。并且，动态面板能够在考虑固定效

应的同时控制可能由此引发的内生性偏误。该动态面板模型通过了各方面检验。首先，残差自相关检验AR（1）统计量在1%显著性水平上显著，而AR（2）并不显著，表明存在一阶自相关，但不存在二阶自相关。其次，模型(4)～模型(6) Sargan统计量的p值均在5%的显著性水平上显著，表明模型设计和变量选择不存在过度识别问题。最后，滞后一期与滞后二期的住房销售面积估计系数均在1%的显著性水平上显著为正，表明现期住房总需求与滞后期的住房供给的自相关关系真实存在，住房市场需求具有一定刚性。同时，相较于模型(1)～模型(3)，加入政策因素前后，C _ housing的参数估计值变化趋势与固定效应模型回归参数值变化趋势一致。$policy_{2005}$为正，但并不显著，而$policy_{2008}$的系数均显著为正，说明2007年相关政策[①]发挥了促进住房回归居住属性政策的效果，对住房市场具有显著刺激作用；但是交互项A_policy_{2008}的系数显著为负，表明随着一系列旨在缓解中低收入家庭住房困难问题政策的发布，以及保障房供给增加，使商品房市场的挤出效应得到增强。部分控制变量的参数符号可能与经济学直觉相左，如房价对住房供给的影响为正，但统计上不显著。原因可能在于本部分在回归模型中同时控制了土地成本和建筑成本，一定程度上降低了房价对住房市场需求的影响。

综上所述，表5-5的估计结果表明了理论模型与现实数据的契合，说明保障性住房供给的挤出效应真实存在。同时，2007年国务院发布的《关于解决中低收入家庭住房困难的若干意见》，明确我国住房建设将由商品房转向保障房尤其是廉租房，强调住房回归居住属性的相关政策对住房市场产生了较大的刺激作用的同时，也进一步扩大了保障性住房供给对住房市场的挤出效应。

表5-5　保障性住房挤出效应回归结果

	固定效应模型			动态面板模型		
C _ housing	(1)	(2)	(3)	(4)	(5)	(6)
L. income				0.396*** (0.078)	0.124*** (0.024)	0.116*** (0.034)
L2. income				0.253*** (0.047)	0.369*** (0.025)	0.355*** (0.027)

① 资料来源：《国务院关于解决低收入家庭住房困难的若干意见》等标志性文件。

续表

	固定效应模型			动态面板模型		
C _ housing	(1)	(2)	(3)	(4)	(5)	(6)
Ahouse	0.090***	0.059**	0.227***	0.031	0.050***	0.132***
	(0.025)	(0.026)	(0.038)	(0.021)	(0.013)	(0.032)
income	0.570	1.828***	1.774***	0.809***	0.812***	0.860***
	(0.374)	(0.207)	(0.193)	(0.239)	(0.091)	(0.081)
land _ cost	−0.170***	−0.136***	−0.117***	−0.041	0.039***	0.042***
	(0.040)	(0.043)	(0.040)	(0.034)	(0.014)	(0.013)
price	−0.225***	−0.155*	−0.095	−0.056	0.0230*	0.046
	(0.079)	(0.084)	(0.079)	(0.031)	(0.017)	(0.029)
build _ cost	0.244*	0.353**	0.429***	−0.177**	0.219**	0.199**
	(0.136)	(0.141)	(0.133)	(0.085)	(0.086)	(0.085)
aging	4.370***	3.123**	3.580**	1.843	−1.131	−0.910
	(1.556)	(1.540)	(1.441)	(1.484)	(0.812)	(0.807)
policy _ 2005		0.228***	2.043***		0.145***	0.890
		(0.059)	(0.505)		(0.028)	(0.567)
policy _ 2008		−0.031	2.742***		−0.167***	1.531***
		(0.103)	(0.476)		(0.044)	(0.431)
A _ policy2005			−0.134***			−0.055
			(0.0369)			(0.0415)
A _ policy2008			−0.208***			−0.125***
			(0.035)			(0.032)
year	Y	N	N	Y	N	N
N	267	267	267	267	267	267
AR (1)				0.001	0.002	0.002
AR (2)				0.375	0.153	0.132
Sargan 检验				0.995	0.896	0.891

注：括号内为标准误；***、**、*分别表示在 1%、5%、10%的显著性水平上显著；AR 和 Sargan 检验报告值为 p 值。

5.3 评估结果分析

本部分通过实证分析发现：(1) 保障性住房供给对缩小城镇居民收入差距发挥了显著作用。由此可见，住房保障政策能直接增加受惠城镇中低收入阶层的家庭财富，进而增加家庭资本积累，为改善自身现状提供更多机会。但相比于其他影响因素，住房保障政策对城镇居民收入差距的缩小作用略差。(2) 考虑到我国住房保障制度改革，2007 年我国一系列标志性政策文件出台，住房政策重心回归住房保障，以 2007 年作为住房改革的转折点，控制政策因素对居民收入差距的影响，发现保障性住房系列政策虽然会扩大城镇居民收入差距，但具体到保障性住房供给，却能部分削弱住房制度不完善对城镇居民收入不平等的扩大，从而进一步促进城镇居民间收入再分配。(3) 保障房供给对商品住房供给面积的影响为负，证实了保障房挤出效应的存在，一定程度上削弱了其经济效应。即保障性住房的增加，在降低住房支出、满足中低收入人群部分刚性需求的同时，会对商品房市场需求产生一定的分流，使得原属于商品房消费群体的部分居民转向保障性住房。(4) 以 2007 年我国一系列标志性政策文件出台为标志，控制政策因素对商品住房供给的影响，结果发现，经适房对商品住房供给的挤出效应依然存在，且政策因素与经适房供给的交互性系数显著为负，一定程度上加强了保障房的挤出效应。

第 6 章　保障性住房对城镇化的效应评估

6.1　保障性住房影响城镇化的效应评估思路与方法

6.1.1　土地财政影响人口城镇化的理论分析

1994 年实行的分税制改革改变了地方政府的事权和财权，减少了财政收入，追求效益最大化的地方政府在晋升激励与经济发展的双重压力下，采取出让具有垄断性质的土地的方式来获得高额的收益（李勇刚 等，2013），土地财政模式为地方政府创造了稳定的财政收入来源途径，从而为我国基础设施、公共服务的大力建设与劳动力的大规模迁移产生了不容忽视的积极影响。首先，地方政府通过直接出让土地、土地吸引投资或土地融资等土地财政模式支持地方发展经济，为城市增加了大量的就业机会，也提升了城市工资水平，这对农村转移人口产生了巨大的吸引力。其次，土地财政为地方政府建设基础设施和公共服务等提供稳定的资金保障，在一定程度上能缓和新增城镇人口对住房等公共产品的巨大需求，提升城市对外来劳动力的吸引力，但住房供给数量存在刚性，短期内城镇人口的大量涌入将推高城镇房价水平，使得城镇化住房成本大大上升，会在一定程度上抑制人口城镇化发展（Andrew et al.，2012；倪建伟 等，2016）[①]。劳动力决定

① 此外，土地财政的征地行为也会促使部分农村人口因失地向城镇转移，从而直接增加城镇人口数量（郭志勇 等，2013）。

是否迁移是基于迁移行为和迁移至城市的搜寻工作机会产生的一系列住房、交通和生活成本，放弃原工作减少收入的机会成本，以及离开原工作生活环境引起的其他机会成本等，与未来在迁移城市能获得的收益之间的衡量而做出的决策。根据 T. W. Schultz 的成本—收益理论，只有预期未来获得的收益高于当前收益与迁移成本之和，劳动力才会选择迁移。与此同时，城市的生活需求品在短期内随人口迁移行为引起需求数量的增加而促进其价格的上涨，因此，外来劳动力在城市的聚集将促使城镇生活成本的增加。根据上述分析，本文考虑到城镇居住成本受到一系列相关产品的变化，定义城镇的生活成本为：

$$C_1(p)=c_1(p_1, p_2, \cdots, p_n) \tag{6-1}$$

城镇部门的预期收益为 $U=w_1-C_1(p)$，两部门劳动力分布均衡时满足如下公式：

$$\frac{\alpha_2 Y_2}{1-N_1}=p\frac{\alpha_1 Y_1}{N_1}-C_1(p) \tag{6-2}$$

除城镇的高生活成本之外，迁移行为也存在相应的迁移成本（Fay et al.，1999）。当城镇住房价格上涨，提升了城镇中无房的迁移人口的住房成本，在其他情况保持不变时，将阻碍难以支付高额住房成本的外来人口向城镇转移，而高房价背后的一大主要原因是土地财政带来的地价飙升①。另外，非城镇户籍的劳动力在城镇获取户籍的寻租成本和寻找新工作的机会成本等都不利于人口迁移意愿的提升（蔡昉，2001）。本文将人口向城镇流动的迁移成本设定为：

$$C_2=C_2(C_h, C_j, C_f) \tag{6-3}$$

其中，C_h表示农村转移劳动力在城市获取户籍的寻租成本，$C'_2(C_h)>0$，表示获取城镇户籍的门槛越高，劳动力的迁移成本越大；C_j 表示迁移人口重新寻找工作的机会成本（失业成本），$C'_2(C_j)>0$，即失业成本越小，人口迁移成本越小；C_f 表示迁移人口获取城镇住房的成本，$C'_2(C_f)>0$，即迁移人口获取城镇住房的成本越高，迁移成本越大。本文综合考虑城镇生活成本与人口迁移成本后，将城镇的迁移行为设定如下：

$$\frac{\alpha_2 Y_2}{1-N_1}+C_2(C_h, C_j, C_f)=p\frac{\alpha_1 Y_1}{N_1}-C_1(p) \tag{6-4}$$

① 邵新建等（2012）研究发现地方政府的土地供应垄断带来的地价飙升最终会传导形成高房价。

从式（6-4）可知，由于城镇生活成本与人口迁移成本的存在，劳动力人口在城镇的预期收益必须大于城镇生活成本、迁移成本和在农村部门的预期收益之和，才会使得人口向城镇流动。同时，土地财政发展阶段不同对人口城镇化的影响具有差异性（薛翠翠 等，2013；蒋震，2014），土地财政发展阶段的差异性会直接影响到城镇住房获取成本的高低，因此，研究人口城镇化的发展不能忽略土地财政发展阶段的差异性。

6.1.2 保障房供给影响人口城镇化的理论分析

从人口学角度来看，农村人口向城镇转移显然需要具备一定的经济基础以及强烈的城镇化意愿（周建华 等，2014）。农村人口要融入城镇关键就在于住房①，受建设周期等因素制约，住房供给短期内缺乏弹性，迁移人口的到来会增加城镇住房需求、推高房价，高房价导致高城镇化住房成本，反过来抑制农村人口城镇化意愿（陆铭 等，2015）。从社会福利角度来看，保障性住房能通过发挥其财富效应为城镇中的中低收入家庭提升相应的收入水平，降低不同收入水平家庭之间的收入差距，通过社会福利体系的完善实现公平均衡发展，提升城镇对外来转移人口的吸引力。本文借鉴王先柱等（2009）的做法，将住房市场供求模型设定如下：

由于我国绝大部分住房的购买都需要依靠住房贷款，而贷款总量与家庭可支配收入呈正相关关系，显然贷款利息率与住房需求呈负相关关系。因此，住房需求函数可设为：

$$Q_d = \alpha y - \beta p - \mu i \tag{6-5}$$

其中，y 代表居民可支配收入，p 代表房价，i 代表房贷利率。由于住房市场的需求存在两种来源，一是高收入阶层住房需求 Q_h，二是中低收入阶层住房需求 Q_l，式（6-5）可分解为以下两式：

$$Q_d^h = \alpha_h y - \beta_h p - \mu_h i \tag{6-6}$$

$$Q_d^l = \alpha_l y - \beta_l p - \mu_l i \tag{6-7}$$

---

① 中央农村工作领导小组副组长陈锡文（2010）也表示：促进新生代农民工融入城镇的必需条件就是住房、社会保障与就业。

其中，$\alpha_h+\alpha_l=\alpha$；$\beta_h+\beta_l=\beta$；$\mu_h+\mu_l=\mu$。

在住房供给方面，住房的供给会受到房价、企业经营成本、土地使用成本等因素的影响，因此，住房供给模型可设为：

$$Q_s=\varphi(p-c_w-c_t) \tag{6-8}$$

其中，Q_s 代表住房供给，c_w 代表企业经营成本，c_t 代表土地使用成本。在住房市场供需均衡时，有 $Q_d=Q_s$。由此可知，均衡时市场房价与市场需求量如下：

$$\begin{cases} p^*=\dfrac{\alpha y+\varphi(c_w+c_t)-\mu i}{\beta+\varphi} \\ Q^*=\varphi\dfrac{\alpha y+\varphi(c_w+c_t)-\mu i}{\beta+\varphi} \end{cases} \tag{6-9}$$

由于我国保障性住房的建筑用地大多由低价转让或划拨方式取得，因此，保障性住房的成本比正常商品住房成本更低，其价格更为低廉，这对商品住房的需求产生了分流作用，满足了中低收入水平家庭的住房需求，从而抑制了总体房价的上涨。现在假设保障性住房可以无偿使用建设用地，其用地成本为零，普通商品房有偿使用土地，则保障性住房的供求方程如下：

$$Q_d^l=\alpha_l y-\beta_l p-\mu_l i \tag{6-10}$$

$$Q_s=\varphi(p-c_w) \tag{6-11}$$

均衡时价格与成交量为：

$$\begin{cases} p_l^*=\dfrac{\alpha_l y+\varphi(c_w+c_t)-\mu_l i}{\beta_l+\varphi} \\ Q_l^*=\varphi\dfrac{\alpha_l y+\beta_l c_w-\mu_l i}{\beta_l+\varphi} \end{cases} \tag{6-12}$$

此时商品房的价格与成交量变为：

$$\begin{cases} p_e^*=\dfrac{\alpha y+\varphi(c_w+c_t)-\mu i}{\beta+\varphi} \\ Q_e^*=\varphi\dfrac{\alpha y+\beta(c_w+c_t)-\mu i}{\beta+\varphi} \end{cases} \tag{6-13}$$

显然，价格 $p_l^*<p_e^*<p^*$。根据以上简单住房市场的供求模型可知，从商品房需求角度分析，短期内保障性住房会通过吸收部分商品房的刚性需求，缩减市场商品房需求量，使商品房价格上涨受挫；从商品房供给角度分析，长期内保障性住房建设可能会减少商品房建设用地的供应，引起商品房供应量减少，对商品房价格上升的影响比刚性需求的抑制作用更显著（刘园，2017）。但我国商品房

建设土地短缺主要与房地产市场迅猛增长引起的土地需求增加和地方政府为获取高额土地财政收益刻意维持不饱和供地政策有关，与保障性住房建设关系不大，因此，保障性住房建设能推进人口城镇化发展。

6.1.3　保障性住房与土地财政对人口城镇化的交互影响

首先，土地财政与房地产市场的棘轮效应会抑制保障房的建设。高房价会使与之紧密联系的土地出让金及相关税收收入增加，地方政府为追求效用最大化具有继续保持或推高房价的内在激励。而保障性住房建设用地多以低价协议出让或政府无偿划拨形式供应，这意味着：一方面，地方政府损失了高额土地出让收益的机会成本；另一方面，需要财政支出建设保障性住房。因此，地方政府出于财政压力或逐利动机的考虑会消极对待保障性住房的建设（王根贤，2013）。其次，根据前文分析可知，土地财政与房价互相作用，有利于提高土地财政收益。而保障性住房对住房市场的供给会抑制房地产价格，地方政府有消极对待保障性住房建设的理由。最后，地方政府官员为发展地方经济以及出于政治晋升激励，会选择将土地财政收入投入城镇基础设施建设，而不是完善社保体系，财政支出的偏向性导致保障房建设资金不足。综上所述，由于保障性住房建设会减小地方政府的土地财政收益，地方政府的土地财政依赖会削弱保障性住房建设对人口城镇化的支持效应。

6.2　数据来源与变量选择

本节主要使用 2001—2014 年《中国国土资源统计年鉴》和《中国统计年鉴》的相关权威数据，构成中国 14 年的省级面板数据，其中，保障性住房的相关数据与土地出让金数据均出自 2001—2014 年的《中国国土资源统计年鉴》，人口城镇化率、经济发展等相关数据来源于 2001—2014 年《中国统计年鉴》。需要说明的是，我国保障性住房供给重心在 2010 年以后由经适房逐步发展为以廉租房和公租房为主，因此，本文以经适房销售面积和经适房开工面积为度量的保障性住房供给数据仅统计到 2010 年。同时，由于统计数据可能存在的异方差问题，本文将采用对数处理排除其对实证分析产生的影响（描述性统计部分仍采用原始数据）。

为了考察保障性住房供给对人口城镇化的影响，本部分设置以下变量：第一，基于人口的城镇化是我国新型城镇化的核心内容，本文的被解释变量选择各省份年末常住人口占年末地区总人口的比重来衡量，表示该地区的人口城镇化水平（urban）。第二，经济适用房、廉租房、公租房、两限房是我国保障性住房的主要供给形式，在保障性住房中，经适房是住房制度市场化改革以来最早的保障性住房形式，政策存续期最长，数据最为集中，而廉租房、公租房以及两限房政策实施较晚，统计信息较难获得，且受限于数据可得性，本文采用经济适用房的销售面积（对数）（A _ housing）、经济适用房开工面积（a _ housing）作为核心解释变量，也是保障房供给的代理变量。第三，由于保障性住房的建设能吸引外来劳动力迁移，有助于推动新型城镇化的发展进程，而除保障性住房供给外，在城市层面依然存在其他影响人口城镇化水平的重要因素，例如经济发展水平、地区产业结构、金融发展水平、城市基础设施建设、城乡收入差距、政府财政负担等，因此，为防止地区层面的经济因素对人口城镇化的影响对本文估计保障性住房对城镇化的效果产生偏差，本文依次控制了各地区的人均 GDP、非农产业占比（non _ agr _ industry)、金融产业占比（finance)、城镇固定资产投资（fixed _ assets)、城乡收入差距（ur _ ru _ gap）以及财政收支缺口（finance _ gap)。此外，城镇中保障性住房的供给水平是土地财政发展水平影响地区人口城镇化水平的重要因素，因此，本文加入土地财政规模以及土地财政规模和保障房供给的交互项，考察保障性住房供给在地方的土地财政模式下对人口城镇化产生的影响。此外，本文通过聚类分析的方式设置地域虚拟变量以控制区域差别引起不同的土地财政水平。各变量的统计性描述如表 6-1 所示。

表 6-1　人口城镇化促进作用相关变量描述性统计

变量	变量定义	有效样本量	均值	标准差	最大值	最小值
urban	城镇化率：城镇常住人口/地区常住总人口	406	0.472	0.135	0.664	0.203
land _ finance	土地财政规模：土地出让金及房地产相关税费收入总和（万元）	406	7172000	10200000	73000000	20059
A _ housing	经适房供给 1：经济适用房销售面积（万平方米）	290	119.6	76.49	340.8	0.29
a _ housing	经适房供给 2：经济适用房开工面积（万平方米）	290	167.9	117.6	815.3	1.01

续表

变量	变量定义	有效样本量	均值	标准差	最大值	最小值
price _ house	商品住房价格（万元/m^2）	406	3495	2573	18499	864
finance _ gap	财政缺口：地方财政支出减财政收入（万元）	406	−8082000	7224000	−351700	−37400000
fixed _ assets	城镇固定资产投资（万元）	406	62400000	70300000	416000000	1562000
GDP	地区人均 GDP（万元/人）	406	2.563	1.912	10.52	0.3
ur _ ru _ gap	城乡收入差距（万元）	406	3	0.579	4.759	1.852
non _ agr _ industry	非农产业比：二、三产业生产总值/GDP（%）	406	0.871	0.0617	0.993	0.653
finance	金融业总值/GDP（%）	406	0.472	0.135	0.864	0.203

6.3 评估方法与评估模型

本部分实证研究的主要目的是考察中国地方保障性住房供给对地区人口城镇化的影响，并且加入土地财政规模与保障性住房供给交互项，进一步考察不同地区土地财政发展水平下，保障性住房对地区人口城镇化的影响。初始模型设定如下：

$$\text{urban}_{it}=\alpha_0+\alpha_1\,\text{housing}_{it}+\alpha_2\,\text{land\_finance}_{it}+\alpha_3 X_{it}+\varepsilon_{it} \tag{6-11}$$

为了考察不同地区土地财政规模下，保障性住房供给对地区人口城镇化的影响，本书控制了不同地区土地财政规模，并加入土地财政规模与保障性住房供给的交互项，记为 land _ housing，设定以下模型：

$$\text{urban}_{it}=\beta_0+\beta_1\,\text{housing}_{it}+\beta_2\,\text{land\_finance}_{it}+\beta_3\,\text{land\_housing}_{it}+\beta_4 X_{it}+\mu_i+\delta_{it} \tag{6-12}$$

同时，为消除土地财政、保障性住房与人口城镇化之间可能存在双向因果关系所带来的内生性偏误，本书在固定效应模型分析基础上，构建联立方程模型来消除内生性问题，并探究三者之间的内在影响机制。具体方程组设定如下：

$$urban_{it} = \alpha_0 + \alpha_1 \text{ housing}_{it} + \alpha_2 \text{ land\_finance}_{it} + \alpha_3 X_{it} + \varepsilon_{it} \tag{6-13}$$

$$\text{land\_finance}_{it} = \gamma_0 + \gamma_1 \text{l. price}_{it} + \gamma_2 X_{it} + \tau_{it} \tag{6-14}$$

$$\text{housing}_{it} = \delta_0 + \delta_1 \text{ l. land\_finance}_{it} + \delta_2 \text{l. housing}_{it} + \delta_3 X_{it} + \zeta_{it} \tag{6-15}$$

$$\text{price}_{it} = \omega_0 + \omega_1 \text{ l. land\_finance}_{it} + \omega_2 \text{l. housing}_{it} + \omega_3 \text{l. price}_{it} + \omega_4 \text{GDP}_{it} + \sigma_{it} \tag{6-16}$$

其中 urban、land _ finance、housing、price 分别表示人口城镇化率、地区土地财政规模、保障房供给量（经适房销售面积和经适房开工面积）、商品住房平均销售价格这四个内生解释变量。此外，为控制城镇化水平与商品房价格可能的相互影响，式（6-14）～式（6-16）分别引入城镇化率、商品房平均销售价格以及保障房供给一期滞后变量，记为：l. land _ finance、l. price、l. housing。X_{it} 则表示一系列其他影响人口城镇化率的控制变量，含义同上。ui 是观察不到的个体效应，ε、τ、σ、ζ 表示随机误差项，下标 i 表示地区，t 表示时间。

6.4 保障性住房影响城镇化的效果评估

6.4.1 静态面板回归分析

静态面板回归分析主要有三种：混合回归模型（pooled OLS）、固定效应模型（FE）和随机效应模型（RE）。本文采用的是短平衡面板数据，需要重点关注组内估计量的异方差和截面相关性，通过分别采用混合回归模型、固定效应模型和随机效应模型估计模型（6-11）与（6-12），经 F 检验、LM 检验以及 hausman 检验，确定使用固定效应模型。同时，为了保证回归结果的稳健性，本文选取经适房开工面积（a _ housing）和土地出让收入（land _ benefit）分别作为经适房销售面积（A _ housing）、土地出让金和房地产相关税费（land _ finance）的替代变量。

如表 6-2 所示，列（1）中经适房销售面积（A _ housing）、土地财政规模（land _ finance）系数均在 1%水平下显著为正，表明保障性住房供给和土地财政规模在一定程度上能推动人口城镇化，符合前文推论。同时，保障房供给和土地财政规模交互项系数在 1%水平下显著为负，表明随着土地财政规模扩大，削弱了保障房对人口城镇化的推动作用。现实中地方政府确实存在消极建设保障房，甚至以保障房之名行商品房之实的情况（齐慧峰 等，2015）。列（3）和列（4）作为基础回归的稳健性检验，其回归估计结果在 1%显著性水平上仍显著为正，表明保障性住房与土地财政都对人口城镇化产生显著的正向影响，而地方政府过度依赖土地将在一定程度上削弱保障性住房对农业转移人口市民化的促进作用。

对于其他控制变量，列（1）～列（4）回归系数显著性和大小均未发生显著性变化。具体而言，城镇基础设施建设（fixed _ assets）显著为正，表明推行基础设施建设能在一定程度上提高城镇化率。我国正处于产业结构转型升级阶段，劳动力报酬的提高在收益端能促进迁移劳动力向城镇转移，进而推动人口城镇化，因此，回归分析中非农产业占比（non _ agr _ industry）系数在 1%水平下显著为正，地区非农产业占比越高，其城镇化率越高。金融发展水平（finance）系数为负，原因在于现阶段我国金融发展受到政府严格管控，缺乏创新力和竞争力，发展较为缓慢，在金融发展的早期阶段，低收入阶层无法参与到金融市场获得投资回报，进一步扩大了收入差距，显然不利于人口城镇化的推进（陈伟国等，2009）。经济发展水平（GDP）可以通过推动产业结构转型升级、缩小收入差距等多种机制推动人口城镇化的发展，其系数显著为正。

6.4.2　分区域回归分析

为了进一步验证本文关于土地财政不同发展阶段对人口城镇化的促进作用不同，土地财政后期土地财政规模过大，将会抑制土地财政对人口城镇化的支持效应的推论，借鉴王玉波（2014）的做法，采用非层次聚类中 K 均值聚类法，选取土地财政总收入、土地财政收入环比增速、土地财政收入对地方财政预算支出的贡献率、土地出让金占土地财政收入比重的环比增速四项指标作为聚类分析指标，将全样本区按照土地财政所处发展阶段划分为三个类别：土地财政发展期、土地财政旺盛期、土地财政中后期。具体而言：处于土地财政旺盛期的省市集中于我国东部沿海地区和承接中部崛起战略的部分中部地区，对土地财政依赖程度相对较高，包括三个直辖市——北京、天津、重庆，与南北九省——河北、安徽、四川、河南、辽宁、湖北、湖南、江西、福建。处于土地财政中后期的省市，其土地财政规模以及地方政府对土地财政的依赖程度都处于全国前列，人口城镇化水平处于较高阶段，其经济发展原始资金很大程度上来源于早期的土地财政收益，但是现阶段其土地财政已经处于负增长阶段，逐步实现经济转型发展，包括江苏、浙江、山东、广东。处于土地财政发展期的省市，大多位于我国经济欠发达区域，其土地财政规模和土地财政依赖程度相对其他两类地区较低，但是呈现稳步上升趋势，包括：山西、内蒙古、吉林、黑龙江、广西、海南、贵州、云南、陕西、甘肃、青海、宁夏、新疆。

分区域回归结果如列（5）～列（7）所示，回归结果显示，土地财政系数显著性与土地财政发展阶段相反，从低到高依次为：第2类<第1类<第3类。具体来讲，第2类的土地财政系数为负值但不显著，第1类的土地财政系数在1%水平下显著为负，第3类系数在1%下显著为正。这说明随着土地财政程度加深，土地财政对人口城镇化的正向影响逐渐减小，甚至在后期抑制人口城镇化率的提高，印证了本文上述推论。现实中，地方政府官员出于对经济发展政绩的追求与政治晋升激励，财政支出往往向投资与基础设施建设等方面倾斜，而吸纳非城镇户籍人口需要巨额公共财政预算支出，在成本—收益原则支配下，地方政府对提高人口城镇化质量缺乏有效激励，即土地财政会加剧规模城镇化与人口城镇化的脱节。

与此同时，在土地财政水平较高的第1、2类区域省份内，保障性住房对人口城镇化具有负面影响。原因是：这两个区域经济发达，商品房价格普遍较高，建设规模较小、覆盖范围较小的保障性住房未能有效抑制房价上涨，反而由于占用了部分商品房的建设用地，在一定程度上减少了商品房供应量，对商品房产生挤出效应，从而致使高房价，抑制了人口城镇化规模提高。在土地财政发展程度较低的第3类区域，保障性住房系数显著为正，说明保障性住房的积极作用在土地财政规模较小的地区更容易产生政策效果。保障性住房与土地财政的交互项系数在第1、2类区域中为正，在第3类区域中显著为负，这说明在土地财政水平较高的地区，在城镇化发展政治压力下，地方政府对保障性住房这一可以有效促进人口城镇化的政策措施逐渐采取支持态度。第3类中交互项的符号也说明在土地财政负面影响尚未足够显著时，地方政府出于土地财政的逐利动机，会消极施行保障性住房政策。上述变量替换和分区域回归均证实了本文结论的稳健性。

表 6-2　保障性住房促进人口城镇化回归结果

变量	固定效应模型				分区域回归		
	(1)	(2)	(3)	(4)	(5)	(6)	(7)
A _ housing	0.0233***	0.0548***			−0.109***	−0.123	0.0769***
	(0.006)	(0.011)			(0.018)	(0.145)	(0.013)
land _ finance	0.0210***	0.0430***			−0.103***	−0.092	0.0653***
	(0.003)	(0.007)			(0.012)	(0.085)	(0.009)
land _ housing1		−0.00712***			0.0193***	0.023	−0.0139***
		(0.002)			(0.003)	(0.023)	(0.003)
A _ housing			0.0131***	0.0585***			
			(0.004)	(0.008)			
land _ benefit			0.0119***	0.0529***			
			(0.004)	(0.009)			
land _ housing2				−0.0110***			
				(0.002)			
fixed _ assets	0.0372*	0.0464**	0.0383*	0.0614***	0.123***	−0.074	−0.016
	(0.020)	(0.021)	(0.019)	(0.022)	(0.016)	(0.201)	(0.017)
non-agr _ industry	1.020***	0.909***	1.007***	0.736***	0.687***	1.239	0.646**
	(0.238)	(0.216)	(0.227)	(0.153)	(0.174)	(2.399)	(0.248)
finance	−0.026	−0.0302*	−0.0358**	−0.0409***	−0.0836***	−0.198	0.010
	(0.017)	(0.017)	(0.015)	(0.013)	(0.023)	(0.123)	(0.028)
GDP	0.0753*	0.0857**	0.0856**	0.0885**	0.012	0.337	0.170***
	(0.038)	(0.034)	(0.037)	(0.035)	(0.030)	(0.297)	(0.034)
_ cons	−2.009***	−2.297***	−2.065***	−2.482***	−1.534***	−3.520	−2.611***
	(0.285)	(0.267)	(0.254)	(0.207)	(0.309)	(1.771)	(0.301)
N	290.000	290.000	290.000	290.000	120.000	40.000	130.000
时间效应	Control	Control	Control	Control	Control	Control	Control
F 值	1939.320	1138.440	2188.020	776.040	2078.990	760.650	5020.300
R^2	0.692	0.698	0.677	0.693	0.801	0.826	0.659

注：括号内为标准误；***、**、*分别表示在 1%、5%、10%的显著性水平上显著。

6.4.3 联立方程回归分析

由于 OLS、2SLS 等单一方程估计法会忽略各方程之间各个扰动项可能存在的相关性，故没有系统估计法有效率。由于本文采用系统分析法中的 3SLS（三阶段最小二乘法）处理模型可能存在的内生性，为了避免伪回归问题，分别采用 ADF 检验与 Hadri LM 检验进行面板单位根检验，所有变量均通过检验，说明了数据的平稳性。限于篇幅未显示检验列表，3SLS 的回归结果如表 6-3 所示。

从表 6-3 知，列（1）中经适房销售面积与土地财政系数均显著为正，两者均能在一定程度上提高城镇化率，进一步佐证了上文结论。列（2）中商品住房平均销售价格的系数显著为负，表明商品住房平均销售价格上涨对土地财政存在激励作用。列（3）中滞后一期的经济适用房销售面积与土地财政规模增加均对保障房供给具有显著正向影响，表明前一期土地财政和保障房供给对当期保障房供给的促进作用在时间上具有延续性。列（4）中滞后一期的土地财政规模和商品住房平均销售价格对当期商品住房销售价格具有显著正向影响，表明前期较高的土地财政规模和商品房销售价格会推高当期房价。结合列（2）和列（4）可知，经适房供给的增加将在一定程度上抑制商品房价格的上涨，而土地财政与房价具有双向因果关系，也符合理论分析。结合列（1）可知，经适房的供给能够促进人口城镇化发展。此外，城乡收入差距（ru _ ur _ gap）的扩大显著不利于人口城镇化的发展。

综上所述，经济适用房供给增加与土地财政规模扩大可通过影响商品住房平均销售价格进而影响人口城镇化。同时，土地财政和房价的反向因果关系也得到了印证。联立方程回归的实证结果印证了前文固定效应回归分析。

表 6-3 联立方程模型回归结果

变量	(1)	(2)	(3)	(4)
	urban	land _ finance	A _ housing	price
land _ finance	0.0391***			
	(0.01)			
A _ housing	0.0150**			
	(0.01)			

续表

变量	(1)	(2)	(3)	(4)
	urban	land _ finance	A _ housing	price
fixed _ assets	−0.0857***	1.331***		
	(0.01)	(0.04)		
non _ agr _ industry	0.914***	−3.059**		
	(0.16)	(1.43)		
finance	0.469*	8.698***		
	(0.27)	(2.66)		
GDP	0.133***		−0.160**	0.0774***
	(0.01)		(0.08)	(0.02)
ur _ ru _ gap	−0.239***			
	(0.04)			
l. price		0.288**		0.921***
		(0.11)		(0.03)
l. A _ housing			0.838***	−0.0146*
			(0.04)	(0.01)
l. land _ finance			0.113***	0.0121**
			(0.03)	(0.01)
finance _ gap			1.81e−08**	
			(0.00)	
_ cons	0.960***	−8.800***	−0.761**	0.579***
	(0.13)	(0.89)	(0.38)	(0.19)
N	290	290	290	290
R^2	0.818	0.867	0.729	0.963

注：括号内为标准误；***、**、*分别表示在1%、5%、10%的显著性水平上显著；限于篇幅此处未显示检验列表。

6.5　实证结果分析

伴随人口城镇化率的提高，在土地资源数量的约束下，土地财政提供资金与空间载体的人口城镇化发展模式难以为继。面对土地财政造成的粗放型规模城镇化与人口城镇化的分割，保障性住房提高城镇生活水平与抑制房价的作用使之成为推动人口城镇化持续发展的有效措施。通过住房保障措施解决城镇常住人口住房问题对城镇化由粗放型规模扩张转向人的城镇化具有重要意义。本章利用保障性住房与土地财政相关数据，采用住房供求模型和城镇化一般均衡模型为理论分析框架，分别研究了保障性住房与土地财政对人口城镇化的作用机制，以及两者之间的相互作用，并研究了土地财政区域差异性对保障房政策推动人口城镇化的影响。

本章实证结果发现：第一，从全国层次来看，保障性住房建设与土地财政均能够显著促进人口城镇化率的提高。联立方程结果显示，保障性住房对商品房价格产生抑制效应，说明保障性住房能够通过抑制房价促进人口城镇化发展。土地财政显著致使房价上涨，保障性住房与土地财政的交互项系数显著为负，说明两者之间存在相互作用，土地财政一定程度上会削弱保障性住房支持人口城镇化的边际政策效果。第二，保障性住房对人口城镇化产生区域差异化的影响，其原因可能在于经济发达地区的土地开发利用程度相对较高，土地资源相对更为稀缺，建设保障性住房将在很大程度上挤出商品房的建设用地，结合我国保障性住房规模相对较小的现状，总体上由于引起房价上涨对人口城镇化产生的负向效应要大于保障性住房的正向效应，致使在总效应上保障性住房不利于人口城镇化数量的提高。同理可知，在经济欠发达地域，保障性住房的正向效应更大，会提高人口城镇化率。第三，通过区域分析发现，土地财政对人口城镇化影响呈现明显区域差异化，表现为土地财政发展程度较高后，其对人口城镇化的作用会从初始的支持转变为抑制。同时，联立方程结果显示，土地财政与房价互为正向因果关系，聚类分析也表明地方政府对土地财政存在过度依赖，说明在土地财政欠发达地区，地方政府能利用土地财政来弥补财政缺口、支持经济发展，但不能走土地直接出让与融资的陈旧土地财政模式，忽视土地财政推高房价、增加财政收入来源单一的风险等负面影响。土地财政发达地区也应创新土地财政发展模式，减小土地直接出让与融资收入比例，完善土地税收制度。

上述研究结论具有重要的政策启示作用。首先，中央政府应当建立保障性住房建设的刚性财政预算制度，加大保障房财政转移支付力度，健全财政转移支付与农业转移人口城镇化挂钩机制，在区域间合理分配保障性住房转移支付。其次，鉴于保障性住房对商品房建设土地的挤出效应，结合经济发达地区土地供应不足与经济欠发达地区土地供应过量的现实情况，政府应当重视土地资源供应失衡和错配情况，合理规范土地供应市场，建立长效土地供应制度。结合我国土地财政中土地相关税收比例较小的现状，政府应当完善土地相关税收制度，增加土地财政中税收收入比例，从而降低土地直接出让等现有模式带来的负面影响。最后，严格监督土地财政收入使用情况，建立地方政府土地财政收入在住房保障方面的刚性预算支出制度。同时，破除“土地财政—房价”的利益耦合机制，发挥保障性住房抑制房价的正向效应，严格执行土地利用规划制度，防止地方政府片面追求土地财政收入而造成城镇用地的盲目扩张。

第 7 章　保障性住房对城乡融合的促进效应评估

7.1　保障性住房对乡-城家庭化迁移的促进效应

7.1.1　数据来源与变量选择

1. 数据来源与数据处理

本部分将对前文所提出的保障性住房对家庭化迁移的总效应进行实证检验，数据主要来自 2017 年流动人口动态监测调查数据（China Migrants Dynamic Survey，CMDS）。CMDS 数据开始实施于 2009 年，根据流动人口卫生计生服务管理工作和政策研究的需要，在全国 31 个省（区、市）和新疆生产建设兵团流动人口较为集中的流入地按照随机原则抽取样本点，开展抽样调查，采取分层、多阶段、与规模呈比例的 PPS 方法进行抽样，使调查结果对全国和各省具有代表性。

由于本部分的主要研究问题是保障性住房对核心家庭成员的家庭化迁移的影响，就 2017 年的 CMDS 数据而言，主要涉及流动人口本人及家庭成员基本信息、收入与居住、就业与保障、子女流动及教育等板块。进一步，选取已婚及有子女的受访者样本，删除 65 岁以上以及相关信息不全的样本，最终得到有效样本数量为 112995。

2. 变量选取与描述性统计

（1）变量选取

本部分涉及的变量包括：被解释变量（家庭化迁移）、解释变量（保障性住房）、个人层面的控制变量（年龄/年龄的平方、性别、受教育年限、雇主与自营劳动者、健康状况、户口状况、流动年限、跨省流动、新生代流动人口、医疗保险、子女个数、配偶随迁、配偶年龄）、家庭层面的控制变量（家庭每月总收入、同住家庭成员数）以及城市层面的控制变量（地级市房价对数值、地级市人均 GDP 对数值）。相关变量的具体说明和定义如下：

家庭化迁移（子女随迁=1）：在已婚的流动人口家庭内部，基本已经实现了夫妻双方的共同迁移，因此，子女随迁是当前我国家庭化迁移的核心问题。同时，在夫妻共同迁移的模式下更加注重迁移的经济效应，而随着子女加入迁移的决策中，流动人口则会更多地关注到迁移的社会效应等问题。关于“子女随迁”的概念在学术界并没有统一明确的概念，本部分沿用宁光杰和马俊龙（2019）对于随迁子女的定义，即流动且与父母同住的子女为随迁子女。在 2017 年 CMDS 的数据中，并没有直接对子女随迁变量进行定义。根据定义，本部分建立了“与被访者关系：儿子或女儿”和“现居住地：本地”双重约束条件，若是同时满足两者条件，可识别该流动人口家庭的子女是跟随受访者共同居住在流入城市的样本，可定义其为子女随迁样本，反之，子女居住在户籍地或其他地方而未跟随父母一起迁移到流入城市生活，为非子女随迁样本。

保障性住房变量（获得保障性住房=1）：当前我国的保障性住房体系主要包括公租房、经济适用房、限价商品房及棚户区改造房，在十九大以后提出构建楼市长效机制，又加入了共有产权住房建设及培育住房租赁市场。因此，对应于 2017 年CMDS 数据，将居住在公租房、经适房、限价商品房、棚户区改造房的样本视为获得保障房的样本，流动人口其他居住形式[①]则视为未获得保障性住房。

年龄/年龄的平方：由于个体的许多行为和决策在不同的年龄阶段会存在着一定的差异，同时，子女的年龄也在较大的程度上与父母的年龄存在着相关性，因此，年龄与家庭的迁移决策也存在着一定的关联。此外，在诸多的研究中均指出，个人及家庭等因素往往具有生命周期特征，因此，本部分还加入了年龄的平

① 在 2017 年 CMDS 数据中，流动人口现有住房属性包括单位/雇主房（不包括就业场所）、政府提供公租房、自购商品房、自购保障性住房、自购小产权住房、借住房、就业场所、自建房、其他非正规居所、租住私房—整租、租住私房—合租这 11 种居住方式。

方项用来捕捉这种非线性关系。

性别（男性=1）：根据家庭时间分配模型，流动人口家庭势必要在照顾孩子和工作之间进行权衡取舍，这种来自家庭方面的影响一般都存在着性别的差异。在中国长期的传统的“男主外、女主内”的家庭模式中，女性大多处于从属地位，即使在经历了城乡迁移后，家庭权利关系得到部分改变，流动人口家庭中父权制的家庭特征也依旧在延续和重建（王欧，2019），因此，女性更容易受到子女随迁的影响。

受教育年限：受教育程度是人力资本最直接的体现，随着个体受教育程度的增加，其在劳动力市场的“议价能力”也增强，更有可能拥有相对更高的收入水平，更能承受家庭化迁移所带来的消费增加等经济压力。此外，父母的教育背景对子女受教育水平有显著的传递效应（孙永强 等，2015），因此，父母的受教育程度越高，越倾向于让子女接受更好的城市教育，子女随迁的可能性也越大。

雇主与自营劳动者（是=1）：从现有研究来看，雇主与自营劳动者通常被视为“创业”群体，为了养育幼年子女以及提高成年子女在婚姻市场、劳动力市场的竞争力，父母会想办法去扩大家庭收入，家庭创业的可能性增加（王菁 等，2017），提高收入能更好承担子女随迁所带来的消费扩张压力。同时，创业流动人口在劳动时间上的灵活性也更大，更有利于兼顾家庭和工作，因此，子女随迁的可能性也更高。

健康状况（健康=1）：健康状况通常也被视为人力资本的一个方面，健康程度越高的流动人口在劳动力市场的表现越好，在城市的竞争力越高，同时，照料子女的能力越好，子女随迁的可能性也越高。

户口状况（非农户籍=1）：我国长期以来的二元制结构，在劳动力市场、公共服务使用和人口流动过程中都产生出一定的城乡分割效应，对于农业户籍的流动人口而言，他们在流动过程中遭受到的障碍更大，在流入城市中受到的歧视现象也更为严重，因此，对于流动人口的子女而言，户籍身份的约束也会反映在对他们的迁移限制上。

流动年限：对于流动人口而言，流动时间越长，积累的工作经验和社会资本越丰富，同时，随着流动年限的增加，流动人口与流入地的居民互动更多，更有利于他们向“市民化”身份的转化，身份的认同感对于子女随迁决策也会产生一定的影响。

跨省流动（跨省流动=1）：对于跨省的流动人口而言，往往带有更强的经济动机，以追求更好的收入和职位为流动目的，同时，远距离的迁移会增加迁移的成本（李瑞 等，2019），因此，跨省流动这种带有明显经济动机的流动也会对子女的流动产生一定的影响。

新生代流动人口（是=1）：与 90 年代中国老生代流动人口的“离土不离乡”的短距离、单独式、省内迁移模式相比，进入 21 世纪以后，中国青壮年流动人口以“离土又离乡”的长距离跨省迁移为主，省内迁移比例较低。老一代农民工外出流动的主要目的是提高收入，而新生代流动人口在流入城市的居留时间更长，同时，新生代流动人口举家迁移的诉求更为强烈，因此，家庭化迁移的特点更为凸显（盛亦男，2017）。根据相关的定义，新生代流动人口通常是指 1980 年及以后出生，进城从事非农业生产 6 个月及以上，户籍地在务工地以外的流动人口。

是否有医疗保险（是=1）：医疗保险能衡量个体应对未来风险的能力，同时反映了其对城市公共服务利用的程度。单独的个体迁移往往以经济收益为主要驱动力量，而家庭化的迁移则更多关注到公共服务层面。

子女数量：从 2011 年开始，国家逐步放开二孩政策，流动人口的生育意愿通常高于户籍人口，子女数量通常会更多。对于子女多的家庭，男孩的偏好效应也会更为强烈，儿子随迁的概率更高。此外，家庭的子女数量越多，家庭化迁移的风险和成本越大（盛亦男，2014），在家庭经济能力有限的情况下，往往不能满足所有子女的教育意愿，部分子女跟随父母到城市打工的概率也会相对较高。

配偶随迁（是=1）：配偶随迁也是家庭迁移决策的重要部分，一方面，配偶的随迁不仅可以为流动人口分担经济压力或者承担家庭照料的责任，还可以从情感方面满足流动人口对核心家庭成员的“失依”需求（熊景维 等，2016）；另一方面，配偶随迁往往具有“连带效应”，尤其是现阶段随着城市社会保障一体化与基本公共服务均等化的大力推进，子女随迁往往与配偶随迁相伴发生。

配偶年龄：根据生命周期理论，个体的劳动参与行为会随着年龄的变化而发生变化，而配偶的劳动参与状态又会对子女的迁移决策产生一定的影响。

家庭每月总收入对数值：家庭的收入水平代表了家庭在流入地的消费能力，家庭化迁移会对家庭的消费产生倍增的效应，同时，收入水平越高代表家庭在流入城市的经济地位越高，对城市各项公共服务的使用水平也相应更高。

同住家庭成员人数：同住家庭成员可以一定程度上分担家务，帮助流动人口照料子女。此外，家庭成员数多也意味着更多的社会资本。

地级市房价对数值：根据现有文献，房价会对劳动力迁移产生正反两方面的效应。一方面，房价水平较高的城市，往往经济发展水平较高，就业选择空间较广，工资水平较高，相关配套基本公共服务以及基础设施建设较完善，吸引人口流入。另一方面，房价（房租）作为居民生活成本的主要组成部分，高房价无疑提高了居民的生活成本，尤其是家庭化迁移意味着更高的居住需求，因此，高房价会对人口流入产生斥力（张莉 等，2017）。此外，城市的房价与保障性住房的供给也存在着反向因果关系。当房价上涨时，为了获取高额土地出让金以缓解财政负担，获取更大经济效益，政府往往倾向于将土地通过招拍挂方式出售给土地开发商，从而挤占了保障性住房建设用地，导致保障性住房供给的减少。

地级市人均 GDP 对数值：城市的人均 GDP 可以衡量城市的经济发展水平，经济发展水平越高对流动人口的吸引力越强，同时，城市的各项公共服务和基础设施建设也更为完善，对家庭化迁移的拉力更大。另一方面，城市的经济水平越高，城市的落户门槛越高，流动人口的定居难度越大，也会对家庭化迁移产生一定的推力。

此外，由于我国的保障性住房在分配过程中还难以兼顾“公平”和“效率”，存在着许多的问题。对于流动人口而言，获得保障性住房这一事件可能并不是随机事件，社会网络关系等一些不可观测到的因素也会成为影响流动人口获得保障性住房的重要因素。同时，遗漏变量问题往往不可避免，从而导致实证分析结果可能存在着内生性的偏误。由于本部分采用的是横截面数据，解决内生性偏误最常用的方法就是寻找合适的工具变量。根据李勇辉等（2019）相关研究，本部分也同样选取城市的土地出让金收入作为流动人口保障性住房的工具变量。从理论来说，一个有效的工具变量通常要满足两个条件：①相关性，即工具变量与内生解释变量相关。许多文献均已证实，土地是不可再生资源，城市可用于保障房建设和商品房建设的土地供给是有限的，土地财政模式下，地方政府为获取高额土地出让金收益及相关税收收入，建设用地供给倾向于商品房建设。因此，地方政府土地出让收益越高，意味着保障性住房供应的机会成本越高，保障性住房建设用地供给越少，进而保障房供给量越少（谭锐 等，2016）。保障性住房供应量不足时，中低收入群体将面临更高的保障房准入标准以及更长的候补时间，获取保障性住房的概率便会更低。②外生性，即工具变量与扰动项不相关。使用更高层级的变量作为低层级变量的工具变量通常能满足外生的要求，土地出让金是地方政府行为所引起的，与家庭内部子女随迁决策不存在直接的联系，不会受到其反向影响，也不会与其他家庭特征和人口统计学因素相关。

（2）变量的描述性统计

本部分所涉及的变量的描述性统计如表 7-1 所示。

表 7-1　变量的描述性统计

变量	均值	标准误	最小值	最大值
家庭化迁移	0.682	0.466	0	1
保障性住房	0.020	0.140	0	1
年龄	37.268	8.463	16	65
年龄的平方	1460.518	671.878	256	4225
性别	0.513	0.500	0	1
受教育年限	9.896	3.234	0	19
雇主与自营劳动者	0.455	0.498	0	1
健康状况	0.978	0.147	0	1
户口状况	0.129	0.335	0	1
流动年限	6.820	5.987	0	65
跨省流动	0.490	0.500	0	1
新生代流动人口	0.408	0.492	0	1
医疗保险	0.942	0.234	0	1
子女个数	1.487	0.610	1	6
配偶随迁	0.829	0.377	0	1
配偶年龄	37.321	8.362	16	81
家庭每月总收入对数值	8.768	0.659	0	12.206

续表

变量	均值	标准误	最小值	最大值
同住家庭成员数	3.681	0.830	3	10
地级市房价对数值	9.057	0.567	7.858	10.778
地级市人均 GDP 对数值	11.235	0.492	9.384	12.993
地级市土地出让金对数值	14.138	1.820	6.027	16.693
有效样本量	112995			

从表 7-1 可以看到，在本部分所使用的样本中，约 83%的流动人口属于夫妻共同迁移，约 68%的流动人口是与子女一起迁移的，仍有 32%的子女处于留守状态。流动人口的保障性住房的覆盖比例极低，仅 2%左右。同时，当前我国的流动人口主要是以农业户籍的流动人口为主，城市户籍的流动人口较少，仅 13%左右。虽然部分流动人口家庭内部存在着多个子女的现象，但是流动人口家庭小孩个数的均值仅为 1.5 左右，说明流动人口的家庭正逐渐趋向于小型化。

7.1.2 评估方法与模型设定

1. 稀有事件模型

通过前文分析可知，流动人口尤其是农民工拥有保障性住房概率非常小，因此，流动人口获取保障性住房属于“稀有事件”（Rare Event）。即使是在大样本下，Probit 和 Logit 模型的估计结果依然有存在偏差的可能性，这种偏差被称为“稀有事件偏差”（Rare Event Bias）。在基准回归中，本部分采用补对数-对数模型（Complementary log-log Model，Cloglog 模型）对其进行校正。对 Probit 模型的分布概率取极值分布，就能得到补对数-对数模型，其事件发生概率为：

$$p=P(migrantchd_i=1 \mid house)=F(migrantchd_i,\beta)=1-\exp\{-e^{x'\beta}\} \tag{7-1}$$

$migrantchd_i$ 表示家庭化迁移的二元变量，house 表示是否有保障性住房虚拟变量，β 为参数。由于极值分布是左偏的，但是 Probit 模型和 Logit 模型所对应的正态分布和逻辑分布都是关于原点对称的，而在补对数-对数模型中，事件发生的概率趋于 1 的速度会快于趋于 0 的速度，正好可以对应于稀有事件的情形。

2. 基于条件混合过程的工具变量估计

在实证过程中，由于样本选择性问题或遗漏问题可能导致估计结果存在内生性偏误，本部分采用工具变量法进行校正。由于内生变量“是否有保障性住房”为二元离散变量，采用 IVprobit 模型实际上只能处理内生变量为连续性变量的情形，因此，本部分采用工具变量的条件混合过程估计方法对模型进行两阶段回归（Roodman，2011）。模型公式设定为：

$$\text{house}_i = \gamma_0 + \gamma_1 X_i + \gamma_2 \text{IV}_i + \omega_i + \eta_i + \varepsilon_i \tag{7-2}$$

$$\text{migrantchd}_i = \beta_0 + \beta_2 \text{house}_i + \beta_2 X_i + \omega_i + \eta_i + \varepsilon_i \tag{7-3}$$

X_i 表示模型中的控制变量，包括被访者年龄、年龄的平方、性别、受教育年限、就业状况、健康状况、户口状况、流动年限、跨省流动、新生代流动人口、医疗保险、子女数量、配偶随迁、配偶年龄、家庭每月收入对数值、同住家庭成员数、地级市房价对数值以及地级市人均 GDP 对数值；ω_i 表示职业固定效应；η_i 表示地区虚拟变量；ε_i 表示残差项。式（7-2）为 CMP 的一阶段回归，即内生变量与工具变量的诱导方程，IV_i 表示本部分所取的工具变量即城市土地出让金对数值。在一阶段回归中，以工具变量和其他外生解释变量对内生解释变量进行回归，得到内生解释变量的拟合值。式（7-3）为 CMP 估计第二阶段回归，将第一阶段所得内生解释变量拟合值作为第二阶段回归的自变量，即可一定程度上控制内生性和自选择的影响，得到保障性住房供给对子女随迁的影响，进而得到其对家庭化迁移的真实影响。

3. 倾向得分匹配

根据住房保障的相关政策规定，符合住房保障政策的群体可提出申请要求，相关政府部门再对符合条件的群体分配保障性住房，获得保障性住房的群体是基于自愿申请的前提下的结果选择，因此，对于是否获得保障性住房这一事件还会存在着“自选择效应”。那些获取信息能力较强、社会资本较多的流动人口主动去申请和获得保障性住房的概率更高，从而导致流动人口获得保障性住房并非是一个随机事件。在这种情况下，可以根据流动人口是否获得保障性住房来划分处理组和对照组，采用倾向得分匹配为处理组匹配相近的控制组，将获得保障性住房这一行为随机化，再通过比较处理组和对照组在获得保障性住房前后子女随迁的变化情况，即可以评估出住房保障政策对流动人口家庭化迁移的影响效应。

假设$D_i \in \{0, 1\}$表示流动人口个体是否获得保障性住房，若获得保障性住房则 $D_i = 1$，否则 $D_i = 0$。根据保障性住房的获得情况，流动人口个体的子女随迁状况会呈现出两种情况，即获得保障性住房流动人口的子女随迁状况 Y_{i1} 以及未获得保障性住房流动人口的子女随迁状况 Y_{i0}，那么，获得保障性住房对流动人口的子女随迁概率的影响可以表示为 $Y_{i1} - Y_{i0}$。对于全体样本而言，处理组的平均处理效应（Average Treatment Effect on the Treated，ATT）可以表示为：

$$\mathrm{ATT}_{i1} = E\{(Y_{i1} - Y_{i0} \mid D_i = 1)\} = E\{Y_{i1} \mid D_i = 1\} - E\{Y_{i0} \mid D_i = 1\} \quad (7\text{-}4)$$

其中，$E\{Y_{i1} \mid D_i = 1\}$ 表示获得保障性住房的流动人口子女随迁状况，$E\{Y_{i0} \mid D_i = 1\}$表示获得保障性住房的流动人口在假设没有获得保障性住房情况下的子女随迁状况，从本质上来看属于反事实估计，即采用 PSM 为获得保障性住房的流动人口（处理组）匹配一个个体特征和家庭特征相似的未获得保障性住房的样本（对照组），将匹配的未获得保障性住房的样本的子女随迁状况作为获得保障性住房样本的反事实估计，经过倾向得分匹配之后可以较好地解决样本的“自选择效应”。

7.1.3 模型估计结果与分析

1. 基准回归

在基准回归中，考虑到“家庭化迁移”为二元选择变量，传统的线性概率模型所得的概率值有可能会落在［0，1］区间之外，而采用离散选择模型可以克服这一缺陷，因此，本部分采用 Probit 模型和 Logit 模型对其进行估计，同时采用补对数-对数模型来校正稀有事件偏差，但是模型所估计出的系数往往不具有任何经济意义，因此，在系数估计之后，通常还会进一步输出边际效应，即计算子女从“留守”（因变量取 0）到“随迁”（因变量取 1）变化的边际效应值，基准回归的结果如表 7-2 所示。

表 7-2　保障性住房对家庭化迁移的影响：基准回归

变量	(1)	(2)	(3)	(4)	(5)	(6)
	Probit	Probit _ mfx	Logit	Logit _ mfx	Cloglog	Cloglog _ mfx
保障性住房	0.151***	0.0533***	0.268***	0.0570***	0.176***	0.0644***
	(0.0534)	(0.0181)	(0.0929)	(0.0187)	(0.0510)	(0.0185)
年龄	0.0452***	0.0165***	0.0794***	0.0177***	0.0551***	0.0203***
	(0.0119)	(0.00434)	(0.0204)	(0.00453)	(0.0115)	(0.00425)
年龄的平方	−0.00063***	−0.00023***	−0.0011***	−0.00025***	−0.00078***	−0.00029***
	(0.000131)	(4.78e−05)	(0.000224)	(5.00e−05)	(0.000128)	(4.73e−05)
性别	0.0354**	0.0129**	0.0668**	0.0149**	0.0521***	0.0192***
	(0.0160)	(0.00584)	(0.0275)	(0.00613)	(0.0155)	(0.00570)
受教育年限	0.00982***	0.00358***	0.0178***	0.00395***	0.0130***	0.00479***
	(0.00268)	(0.000979)	(0.00461)	(0.00103)	(0.00265)	(0.000975)
雇主与自营劳动者	0.0461**	0.0168**	0.0773**	0.0172**	0.0315	0.0116
	(0.0214)	(0.00781)	(0.0370)	(0.00821)	(0.0207)	(0.00760)
健康状况	−0.00953	−0.00347	−0.0140	−0.00310	−0.0140	−0.00516
	(0.0518)	(0.0188)	(0.0897)	(0.0199)	(0.0499)	(0.0183)
户口状况	−0.0133	−0.00485	−0.00950	−0.00212	−0.00420	−0.00154
	(0.0231)	(0.00847)	(0.0398)	(0.00888)	(0.0228)	(0.00840)
流动年限	0.0204***	0.00744***	0.0364***	0.00810***	0.0202***	0.00741***
	(0.00113)	(0.000414)	(0.00199)	(0.000444)	(0.00106)	(0.000391)
跨省流动	−0.323***	−0.118***	−0.557***	−0.124***	−0.310***	−0.114***
	(0.0150)	(0.00545)	(0.0260)	(0.00573)	(0.0146)	(0.00529)
新生代流动人口	−0.0491	−0.0180	−0.0952	−0.0213	−0.0545	−0.0200
	(0.0513)	(0.0188)	(0.0880)	(0.0197)	(0.0490)	(0.0180)
子女个数	−0.0969***	−0.0353***	−0.185***	−0.0411***	−0.0892***	−0.0328***
	(0.0171)	(0.00624)	(0.0303)	(0.00674)	(0.0159)	(0.00584)
是否有医疗保险	−0.150***	−0.0531***	−0.256***	−0.0547***	−0.168***	−0.0615***
	(0.0313)	(0.0107)	(0.0538)	(0.0110)	(0.0297)	(0.0108)
配偶随迁	1.706***	0.601***	2.898***	0.612***	2.119***	0.599***
	(0.0197)	(0.00498)	(0.0362)	(0.00493)	(0.0299)	(0.00477)

续表

变量	(1)	(2)	(3)	(4)	(5)	(6)
	Probit	Probit _ mfx	Logit	Logit _ mfx	Cloglog	Cloglog _ mfx
家庭每月总收入	0.0649***	0.0237***	0.113***	0.0251***	0.0584***	0.0215***
	(0.0124)	(0.00452)	(0.0213)	(0.00475)	(0.0125)	(0.00459)
配偶年龄	−0.0176***	−0.00643***	−0.0303***	−0.00674***	−0.0187***	−0.00688***
	(0.00222)	(0.000810)	(0.00380)	(0.000846)	(0.00222)	(0.000816)
同住家庭成员数	0.221***	0.0806***	0.392***	0.0873***	0.205***	0.0753***
	(0.0128)	(0.00466)	(0.0230)	(0.00511)	(0.0116)	(0.00426)
房价	−0.132***	−0.0482***	−0.224***	−0.0498***	−0.138***	−0.0507***
	(0.0190)	(0.00695)	(0.0325)	(0.00724)	(0.0187)	(0.00687)
人均 GDP	0.0887***	0.0324***	0.146***	0.0326***	0.0925***	0.0340***
	(0.0187)	(0.00681)	(0.0322)	(0.00718)	(0.0180)	(0.00663)
行业效应	√	√	√	√	√	√
地区效应	√	√	√	√	√	√
Pseudo R^2	0.2123		0.2132			
常数项	−2.127***		−3.697***		−2.824***	
	(0.356)		(0.611)		(0.348)	
有效样本量	46146	46146	46146	46146	46146	46146

注：* $p<0.10$，** $p<0.05$，*** $p<0.01$，括号内为稳健标准误，下同。

表 7-2 第（1）（3）（5）列分别采用 Probit 模型、Logit 模型和补对数-对数模型来估计保障性住房对子女随迁的效用，第（2）（4）（6）列则分别为其对应的边际效应结果。从 Pobit 模型、Logit 模型和补对数-对数模型的结果对比来看，补对数-对数模型的边际效应要高于 Probit 模型和 Logit 模型，三个模型的估计结果均在 1%的水平上显著。总体而言，获得保障性住房的流动人口家庭子女随迁的概率比没有获得保障性住房的流动人口家庭要高 6%左右，且若是不考虑稀有事件偏差，那么保障性住房对子女随迁的推动效应会存在着低估的偏差。从控制变量来看，年龄与流动人口子女随迁呈现出倒 U 形的关系，并且随着流动时间的增加，子女随迁的可能性也显著提高。同时，新生代的流动人口子女随迁的概率更低，原因在于，对于刚开始流动的新生代流动人口，他们在城市的工作和

生活都处于不稳定的状态，随时有可能再流动到其他的城市或者回流，因此子女随迁的可能性相对较低，但是随着流动时间的增加，流动人口适应了城市的工作和生活，并在流入城市积累了一定的社会资本，此时子女随迁的可能性也相应提高。男性流动人口子女随迁的可能性更高，男性一般作为家庭决策的主导者，推动家庭化迁移的效应也相对更强。同时，随着流动人口受教育水平的提高，对于子女的教育期望也会相应提高，更倾向于让子女迁入城市接受更好的教育，因此，子女随迁的概率也会提高。对于就业身份为雇主或自营劳动者的流动人口，子女随迁的可能性也相应更高。跨省流动且子女数量更多的流动人口家庭，子女随迁的概率更高。但是有医疗保险的流动人口子女随迁的可能性更低，在保险市场一直都存在着信息不对称和逆向选择的问题，对于存在健康问题或者预期自己可能存在健康问题的流动人口，则更愿意购买医疗保险，而这类群体子女随迁的可能性更低。从所有控制变量的边际效应来看，配偶随迁是子女随迁最重要的影响因素，配偶确实在流动人口家庭化迁移中起到了较强的“连带效应”。但是随着配偶年龄的增大，子女随迁的可能性会逐渐降低。家庭的收入更高，同住家庭成员人数更多，可以一起分担经济压力和家务活动，更有利于子女随迁。从城市层面来看，城市的房价对人口流动更多地还是发挥出了“推力效应”，城市的房价越高，在城市的生活成本越高，子女随迁的可能性越低。而城市的经济发展水平越高，城市的公共服务和公共基础设施越完善，越有利于培养孩子的人力资本，对流动人口子女随迁更多表现为“拉力效应”。

2. 工具变量回归

由于一些不可观测到的因素，如流动人口的偏好、预期、社会网络等也可能会影响到流动人口的家庭化迁移，在实证过程中还可能存在着遗漏变量问题，基准回归的结果有可能存在着内生性偏误，因此，本部分选用地级市土地出让金收入作为保障性住房的工具变量，采用 CMP 模型来对基准结果进行校正，CMP 模型的回归结果如表 7-3 所示。

表 7-3　保障性住房对家庭化迁移的影响：工具变量回归

变量	CMP 模型		CMP _ mfx	
	回归系数	标准误	回归系数	标准误
保障性住房	6.874***	(0.108)	2.63***	(0.622)
年龄	0.0138***	(0.00425)	0.0529***	(0.0016)
年龄的平方	−0.000192***	(5.09e−05)	−0.0000734***	(0.00002)
性别	0.0105**	(0.00510)	0.004**	(0.0019)
受教育年限	0.00306***	(0.000950)	0.0012***	(0.00036)
雇主与自营劳动者	0.0133*	(0.00682)	0.0051**	(0.0026)
健康状况	−0.00137	(0.0155)	−0.00052	(0.0059)
户口状况	−0.00615	(0.00696)	−0.0024	(0.0027)
流动年限	0.00590***	(0.00109)	0.0023***	(0.0004)
跨省流动	−0.0986***	(0.0172)	−0.0377***	(0.00629)
新生代流动人口	−0.0143	(0.0155)	−0.0055	(0.0059)
子女数量	−0.0304***	(0.00717)	−0.0116***	(0.0027)
是否有医疗保险	−0.0452***	(0.0121)	−0.0173***	(0.0045)
配偶随迁	0.508***	(0.0872)	0.194***	(0.0318)
家庭每月总收入	0.0205***	(0.00501)	0.0079***	(0.0019)
配偶年龄	−0.00525***	(0.00112)	−0.002***	(0.0004)
同住家庭成员数	0.0667***	(0.0119)	0.0255***	(0.0044)
房价	−0.0132	(0.00821)	−0.00506*	(0.0031)
人均 GDP	0.0360***	(0.00757)	0.0138***	(0.0028)
行业效应	√		√	
地区效应	√		√	
atanhrho _ 12	−1.878***	(0.179)		
常数项	−1.133***	(0.168)		
一阶段估计	是否有保障性住房			
	回归系数	标准误		

续表

变量	CMP 模型		CMP _ mfx	
	回归系数	标准误	回归系数	标准误
土地出让金	−0.00201***	(0.000229)		
常数项	0.0484***	(0.00326)		
一阶段 F 值	4023.1***			
有效样本量	112960		112960	

从表 7-3 来看，atanhrho _ 12 值在 1%的显著性水平上显著，说明居民是否选择居于保障性住房的行为具有内生性，本部分选择土地出让收入作为工具变量满足外生性条件。同时，在一阶段的估计结果中，城市土地出让金收入会显著降低流动人口保障性住房的获得概率，表明土地出让金收入作为工具变量满足相关性条件。此外，一阶段的 F 值 4023.1> 10，表明工具变量系数显著不为零，使用地级市土地出让收入作为居民住房性质的工具变量是有效的，不存在弱工具变量问题。

第二阶段的回归结果如表 7-3 所示，在使用 CMP 模型纠正模型内生性偏误后，获得保障房依然对流动人口子女随迁发挥显著的正向效应。流动人口家庭如果能够获得保障性住房，能有效地改善其居住环境，为家庭化迁移提供条件，在这种情况下，会显著提高子女随迁的可能性。在改革 40 年中，大量的农村剩余劳动力向城市迁移，使中国进入了人口红利期，推动了中国经济持续 30 多年的高速发展，同时，推动了中国工业化和城市化的进程。即使是在宏观经济调整期，流动人口的迁移仍呈现出速度放缓和规模回落的趋势，从长期来看，新型城镇化建设与城市服务业的发展仍旧存在巨大的劳动力缺口，仍需要大量流动人口作为劳动力支撑，短期的波动不会改变流动人口长期大规模存在的趋势。流动人口的居住环境显著差于当地城市居民，形成了流动人口“候鸟式迁移”，使得中国城镇化进程带有很强的流动性，即处于“半城镇化”状态。居住环境的限制导致了流动人口家庭内部的分居状态，长此以往，不利于家庭的稳定和子女人力资本的培养。在一阶段回归中，土地出让金对于流动人口获得保障性住房的影响显著为负，这也说明了土地财政是影响流动人口获得保障性住房的制度性因素之一。1994 年的分税制被广泛认为是地方政府土地财政起步的重要起因，地方政府的“经济人行为”使其对土地财政的依赖性日益增强，而保障性住房具有“公共物品”的属性，需要地方政府无偿划拨提供土地并承担建设责任。保障性住房的供给会减少可出让的土地数量，减少地方政府的土地出让收入。同时，经济增长作为地方政府政绩考核的“数字化”指标，迫使地方政府在获得高额的土地出让金后将其投入到城市建设中而较少投入到关乎民生的保障性住房建设中，使得保障性住房的整体建设较为滞后。

3. 倾向得分匹配检验结果分析

(1) 共同支撑假设与平衡性假设检验

在 PSM 检验中，为了尽量构造与处理组（获得保障性住房）相似的控制组（未获得保障性住房），需要同时满足共同支撑假设和平衡性假设的前提，才是有效匹配。因此，本部分首先对两种假设进行检验。共同支撑假设结果如图 7-1 所示，平衡性假设检验结果如表 7-4 所示。

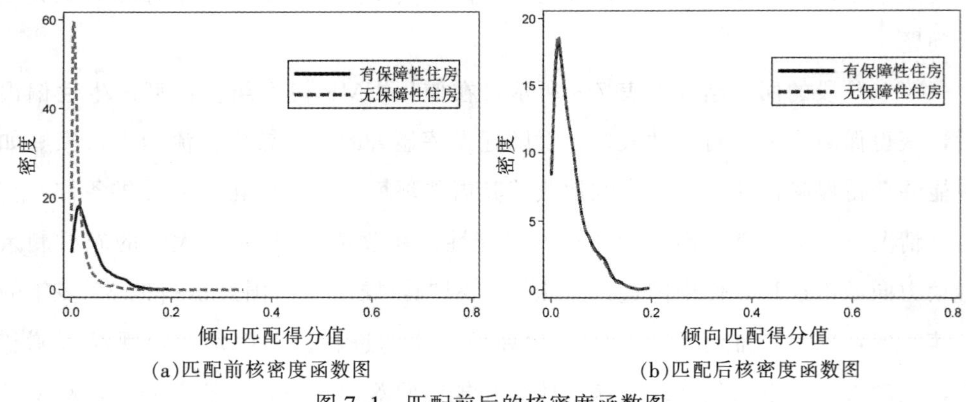

(a)匹配前核密度函数图　　(b)匹配后核密度函数图

图 7-1　匹配前后的核密度函数图

通过图 7-1 可以看到，在进行 PSM 匹配前，处理组（有保障性住房）和控制组（无保障性住房）两组样本中仅有部分样本处于共同取值区间内，两组样本整体差异性较大。经过 PSM 匹配后，两组样本的倾向得分大致重合，基本落在共同取值区域范围内，说明使用 PSM 能有效地为处理组寻找到合适的对照组做对比，匹配损失的样本量极少。说明本部分的匹配可以满足共同支撑假设。

表 7-4　匹配平衡性假定检验结果

变量	样本	均值		标准误差	误差消减	T-test	
		处理组	控制组	(%)	(%)	t	p>t
年龄	匹配前	38.984	38.814	1.8	45.4	0.51	0.611
	匹配后	38.984	38.891	1		0.19	0.846
年龄的平方	匹配前	1609.9	1595.3	2	73.9	0.57	0.567
	匹配后	1609.9	1606.1	0.5		0.1	0.918
性别	匹配前	0.54208	0.57296	−6.2	63.9	−1.76	0.079
	匹配后	0.54208	0.55322	−2.2		−0.45	0.653
受教育年限	匹配前	10.1	9.6576	14.2	79.6	4.02	0.000
	匹配后	10.1	10.191	−2.9		−0.56	0.576
雇主与自营劳动者	匹配前	0.26361	0.44852	−39.3	85.9	−10.49	0.000
	匹配后	0.26361	0.23762	5.5		1.21	0.228
健康状况	匹配前	0.97153	0.98339	−8	58.2	−2.6	0.009
	匹配后	0.97153	0.97649	−3.3		−0.63	0.532
户口状况	匹配前	0.16708	0.10933	16.8	70	5.19	0.000
	匹配后	0.16708	0.18441	−5		−0.91	0.360
流动年限	匹配前	7.401	6.8929	7.7	91.7	2.26	0.024
	匹配后	7.401	7.4431	−0.6		−0.12	0.902
跨省流动	匹配前	0.27723	0.4852	−43.8	98.2	−11.74	0.000
	匹配后	0.27723	0.27351	0.8		0.17	0.867
新生代流动人口	匹配前	0.38985	0.37979	2.1	13.9	0.58	0.559
	匹配后	0.38985	0.39851	−1.8		−0.36	0.722
子女数量	匹配前	1.3626	1.4654	−17.7	82.9	−4.78	0.000
	匹配后	1.3626	1.3515	1.9		0.41	0.682
医疗保险	匹配前	0.96782	0.94995	9	44.6	2.32	0.021
	匹配后	0.96782	0.95792	5		1.05	0.293
配偶随迁	匹配前	0.75495	0.83769	−20.6	73.1	−6.3	0.000
	匹配后	0.75495	0.73267	5.6		1.03	0.305
家庭每月总收入	匹配前	8.6029	8.7761	−30	79.1	−8.36	0.000
	匹配后	8.6029	8.639	−6.3		−1.18	0.237

续表

<table>
<tr><td rowspan="2">变量</td><td rowspan="2">样本</td><td colspan="2">均值</td><td>标准误差</td><td>误差消减</td><td colspan="2">T-test</td></tr>
<tr><td>处理组</td><td>控制组</td><td>(%)</td><td>(%)</td><td>t</td><td>p>t</td></tr>
<tr><td rowspan="2">配偶年龄</td><td>匹配前</td><td>38.806</td><td>38.598</td><td>2.3</td><td rowspan="2">45.8</td><td>0.65</td><td>0.519</td></tr>
<tr><td>匹配后</td><td>38.806</td><td>38.693</td><td>1.2</td><td>0.25</td><td>0.806</td></tr>
<tr><td rowspan="2">同住家庭成员数</td><td>匹配前</td><td>3.63</td><td>3.6433</td><td>−1.6</td><td rowspan="2">−168.8</td><td>−0.46</td><td>0.644</td></tr>
<tr><td>匹配后</td><td>3.63</td><td>3.5941</td><td>4.3</td><td>0.84</td><td>0.400</td></tr>
<tr><td rowspan="2">地级市房价</td><td>匹配前</td><td>8.8016</td><td>9.0608</td><td>−50.1</td><td rowspan="2">84.3</td><td>−13.09</td><td>0.000</td></tr>
<tr><td>匹配后</td><td>8.8016</td><td>8.8423</td><td>−7.9</td><td>−1.76</td><td>0.079</td></tr>
<tr><td rowspan="2">地级市人均 GDP</td><td>匹配前</td><td>11.101</td><td>11.229</td><td>−28.1</td><td rowspan="2">56.9</td><td>−7.43</td><td>0.000</td></tr>
<tr><td>匹配后</td><td>11.101</td><td>11.156</td><td>−12.1</td><td>−2.5</td><td>0.013</td></tr>
</table>

从表 7-4 的平衡性检验结果来看，匹配后数据的标准误差都较小，并且相对于匹配前都有了较大幅度的减小。从 T 检验来看，大部分变量在匹配前的处理组和控制组的样本均值都存在着显著差异，而匹配后的两组样本均值差异在显著性上有所下降，且部分变量的均值已经不存在显著差异，即使是均值仍然存在显著差异的变量，其 T 统计量也已经大幅度降低，在一定程度上说明了匹配的有效性。从误差消减量来看，本次匹配极大程度地消减了处理组和控制组之间的误差。综合来看，倾向得分匹配显著降低了处理组和对照组之间匹配变量的差异，较大程度地降低了样本选择偏误，满足平衡性假定。

(2) 倾向得分匹配结果分析

在满足了共同支撑假设和平衡性假设之后，进一步通过估计 ATT 值来检验保障性住房对流动人口子女随迁的影响。本部分选用了倾向得分匹配中常用的三种方法：邻近匹配、半径匹配和核匹配来分别估计 ATT，倾向得分匹配的 ATT 估计结果如表 7-5 所示。

表 7-5 倾向得分匹配 ATT 估计结果

匹配方法	ATT	标准误	T 值
邻近匹配	0.0507**	0.024	2.11
半径匹配	0.0443***	0.0168	2.63
核匹配	0.0338**	0.0167	2.03

从表 7-5 的结果来看，在不同的匹配方法下，采用 PSM 方法所得到的 ATT 值均略小于基准回归中 Probit 模型、Logit 模型和 Cloglog 模型中所得到的边际效应值，但在统计上均是显著的。在采用倾向得分匹配法消除了样本的“自选择效应”和利用反事实估计以后，保障性住房对流动人口的子女随迁也依然具有显著的推动效应，说明获得保障性住房可以有效地推动流动人口家庭化迁移。

4. 按户籍分类检验结果分析

从整体样本的结论来看，保障性住房对流动人口子女随迁能产生显著的正向影响，但是在我国特有的二元制经济结构中，户籍制度的分割会导致乡-城流动人口和城-城流动人口在城市公共服务的获取和家庭迁移决策上的差异。由描述性统计（表 7-1）可以看到，当前的人口流动还是以农业户籍的人口流动为主（占比 87.1%），城-城流动人口获得保障性住房的概率要显著大于乡-城流动人口，即使大部分的城市均已将在当地稳定就业的外来务工人员纳入了保障性住房的申请范畴，但户籍制度仍然影响着保障性住房在流动人口群体内部间的分配。因此，本部分进一步考察了在不同户籍状况下，保障性住房对流动人口子女随迁的影响差异。不同户籍的检验结果如表 7-6 和表 7-7 所示。

表 7-6　保障性住房对家庭化迁移的影响：非农户籍群体

变量	CMP 模型		CMP _ mfx	
	回归系数	标准误	回归系数	标准误
保障性住房	5.730***	(0.0863)	2.18***	(0.049)
年龄	0.00627	(0.00805)	0.002	(0.0031)
年龄的平方	−9.39e−05	(9.03e−05)	−0.00004	(0.00003)
性别	0.00662	(0.00918)	0.0025	(0.0035)
受教育年限	0.00401*	(0.00218)	0.0015*	(0.0008)
雇主与自营劳动者	0.000170	(0.0130)	0.00006	(0.005)
健康状况	0.00364	(0.0364)	0.0014	(0.0138)
流动年限	0.00179*	(0.000974)	0.00068*	(0.00037)
跨省流动	−0.0414**	(0.0183)	−0.0157**	(0.0068)
新生代流动人口	−0.0261	(0.0327)	−0.01	(0.0124)
子女个数	0.00649	(0.0113)	0.0025	(0.0043)

续表

变量	CMP 模型		CMP _ mfx	
	回归系数	标准误	回归系数	标准误
是否有医疗保险	−0.00865	(0.0137)	−0.0033	(0.0052)
配偶随迁	0.354**	(0.140)	0.134*	(0.0519)
家庭每月总收入	−0.00100	(0.00679)	−0.00038	(0.0026)
配偶年龄	−0.00342*	(0.00175)	−0.0013**	(0.00066)
同住家庭成员数	0.0272**	(0.0129)	0.0103**	(0.0048)
房价	0.0246*	(0.0127)	0.0093*	(0.0048)
人均 GDP	0.0181	(0.0113)	0.0069*	(0.0042)
行业效应	√		√	
地区效应	√		√	
atanhrho _ 12	−2.429***	(0.400)		
常数项	−0.934***	(0.328)		
一阶段估计	是否有保障性住房			
	回归系数	标准误		
土地出让金	−0.00249***	(0.000793)		
常数项	0.0658***	(0.0114)		
一阶段 F 值	4407.09***			
有效样本量	14594		14594	

表 7-7　保障性住房对家庭化迁移的影响：农业户籍群体

变量	CMP 模型		CMP _ mfx	
	回归系数	标准误	回归系数	标准误
保障性住房	7.069***	(0.161)	2.69***	(0.922)
年龄	0.0157***	(0.00513)	0.006***	(0.002)
年龄的平方	−0.000220***	(6.23e−05)	−0.00008***	(0.00002)
性别	0.0117*	(0.00616)	0.0045*	(0.0023)
受教育年限	0.00294***	(0.00110)	0.0011***	(0.0004)

变量	CMP 模型		CMP _ mfx	
	回归系数	标准误	回归系数	标准误
雇主与自营劳动者	0.0159*	(0.00823)	0.0061**	(0.0031)
健康状况	0.000163	(0.0182)	0.00006	(0.0069)
流动年限	0.00710***	(0.00143)	0.0027***	(0.0005)
跨省流动	−0.115***	(0.0221)	−0.0439***	(0.0079)
新生代流动人口	−0.0144	(0.0185)	−0.0055	(0.0071)
子女个数	−0.0372***	(0.00911)	−0.0142***	(0.0033)
是否有医疗保险	−0.0560***	(0.0158)	−0.0213***	(0.0058)
配偶随迁	0.559***	(0.106)	0.213***	(0.038)
家庭每月总收入	0.0265***	(0.00658)	0.01***	(0.0024)
配偶年龄	−0.00575***	(0.00136)	−0.0022***	(0.0005)
同住家庭成员数	0.0772***	(0.0152)	0.029***	(0.0055)
房价	−0.0249**	(0.0115)	−0.0095**	(0.0043)
人均 GDP	0.0422***	(0.00949)	0.016***	(0.0035)
行业效应	√		√	
地区效应	√		√	
atanhrho _ 12	−1.743***	(0.201)		
常数项	−1.150***	(0.192)		
一阶段估计	是否有保障性住房			
	回归系数	标准误		
土地出让金	−0.00201***	(0.000235)		
常数项	0.0468***	(0.00335)		
一阶段 F 值	1927.46			
有效样本量	98366		98366	

从表 7-6 和表 7-7 的结果来看，以户籍类型区分农业户籍流动人口和城市户籍流动人口后，保障性住房对家庭化迁移的回归系数均为正，同时，在 1%的水平显著。说明不管是对于城-城流动人口还是乡-城流动人口，保障性住房都能有效地降低流动人口子女随迁的障碍，促进流动人口家庭化迁移。同时，在 CMP 模型的一阶段检验中 atanhrho _ 12 值均是显著的，F 值均大于 10，工具变量与

内生变量也具有统计上的相关性，不存在弱工具变量问题。从二阶段回归结果的边际效应来看，保障性住房对农业户籍流动人口子女随迁的正向影响相对更大。一方面，由于农业户籍的流动人口在城市中受到享有基础设施和福利保障的歧视更加严重，导致了保障性住房的供给对农业户籍流动人口的边际效用更大。另一方面，农业户籍流动人口对于保障性住房的依赖性更高，也说明了其农村自有地并未发挥出对其迁移的保障和支撑作用。对于乡-城流动人口而言，在户籍地往往还拥有一定数量的自有土地，随着劳动力向城市流动，农村的自有土地会出现闲置现象。土地是具有资产属性的，但是由于我国当前土地市场化程度较低，统一的土地流转市场还尚未建立，农村流动人口还不能从土地市场化中获利，因此，农村自有土地尚未发挥出对农业流动人口在城市生活的保障和支撑作用，导致乡-城流动人口更多地依赖于保障性住房。

5. 稳健性检验

从描述性统计可以看到，在部分流动人口家庭内部存在着多个子女的现象，对于多个子女的流动人口家庭，不同的子女可能面临不同的迁移决策，这样就难以得到保障性住房对子女随迁的净效应，因此，在稳健性检验中，本部分首先剔除了有多个子女的流动人口家庭，仅仅选择只有一个小孩的流动人口家庭来检验保障性住房对子女随迁的影响，以此来避免多个子女对实证结果的干扰。窄样本的稳健性检验结果如表 7-8 所示。

表 7-8　稳健性检验：窄样本回归

变量	CMP 模型		CMP _ mfx	
	回归系数	标准误	回归系数	标准误
保障性住房	6.436***	(0.121)	2.46***	(0.069)
年龄	0.0190***	(0.00648)	0.0073***	(0.0024)
年龄的平方	−0.000229***	(7.63e−05)	−0.00009***	(0.00003)
性别	0.0104*	(0.00610)	0.004*	(0.0023)
受教育年限	0.00194*	(0.00105)	0.0007*	(0.0004)
雇主与自营劳动者	0.00920	(0.00773)	0.0035	(0.0029)
健康状况	0.00527	(0.0186)	0.002	(0.0071)
户口状况	−0.00545	(0.00707)	−0.0021	(0.0027)

续表

变量	CMP 模型		CMP _ mfx	
	回归系数	标准误	回归系数	标准误
流动年限	0.00324***	(0.00103)	0.0012***	(0.0004)
跨省流动	−0.0679***	(0.0198)	−0.026***	(0.0073)
新生代流动人口	0.0454**	(0.0209)	0.0174**	(0.0079)
是否有医疗保险	−0.0423***	(0.0160)	−0.0162***	(0.006)
配偶随迁	0.465***	(0.134)	0.178***	(0.0497)
家庭每月总收入	0.0116**	(0.00535)	0.0044**	(0.002)
配偶年龄	−0.00442***	(0.00148)	−0.0017***	(0.00055)
同住家庭成员数	0.0679***	(0.0199)	0.026***	(0.0074)
房价	−0.0132	(0.0101)	−0.0051	(0.0038)
人均 GDP	0.0354***	(0.0111)	0.0135***	(0.0119)
行业效应	√		√	
地区效应	√		√	
atanhrho _ 12	−2.042***	(0.298)		
常数项	−1.258***	(0.296)		
一阶段估计	是否有保障性住房			
	回归系数	标准误		
土地出让金	−0.00156***	(0.000325)		
常数项	0.0456***	(0.00465)		
一阶段 *F* 值	2814.74***			
有效样本量	64094		64094	

如表 7-8 所示，CMP 模型的 atanhrho _ 12 值均是显著的，一阶段的 *F* 值大于 10，土地出让金与流动人口获得保障性住房是显著相关的，说明在选取只有一个小孩的流动人口样本后，土地出让金收入作为工具变量满足工具变量的相关性条件，且工具变量依然是有效的，不存在弱工具变量问题。二阶段的结果显示，保障性住房对子女随迁的影响边际效应依然是显著为正，说明在考虑多个小孩可能面临不同迁移决策的情况下，保障性住房对子女随迁的推动效应依然成立，本部分的结论也依然具有稳健性。

此外，由于保障性住房的土地供给需要地方政府以无偿划拨的形式来供给，因此地方的土地供给可以看作保障性住房供给的一个外生冲击。由现有研究可知，城市土地出让面积与城市房价存在着负向的因果关系（陆铭 等，2015），同时，房价与保障性住房间也存在着显著的负向因果关系，因此，从理论上来说，保障性住房与城市土地出让面积间也会存在着某种因果关系。城市土地出让面积一方面跟城市的形成面积有关，这是城市的自然属性，是在历史的发展中所形成的；另一方面，由于出让的土地是由政府的相关部门决策所决定的，这两个因素都是外生的，不会影响到流动人口的家庭决策，不会受到流动人口家庭化迁移的反向影响，同时与其他家庭特征和人口统计学因素也不相关，因此，选用城市土地出让面积作为流动人口是否获得保障性住房的工具变量具有理论上的可行性。进一步地，本部分选取上年度城市土地出让面积作为保障性住房的替换工具变量进行稳健性检验，对前文结果的稳健性进行验证。替换工具变量的稳健性检验结果如表 7-9 所示。

表 7-9　稳健性检验：替换工具变量

变量	CMP 模型		CMP _ mfx	
	回归系数	标准误	回归系数	标准误
保障性住房	6.730***	(0.131)	2.53***	(0.073)
年龄	0.0182***	(0.00513)	0.0068***	(0.0019)
年龄的平方	−0.000253***	(5.89e−05)	−0.000095***	(0.000022)
性别	0.0143**	(0.00657)	0.0054**	(0.0025)
受教育年限	0.00414***	(0.00115)	0.0016***	(0.00043)
雇主与自营劳动者	0.0164*	(0.00879)	0.0061*	(0.0038)
健康状况	−0.00238	(0.0208)	−0.00089	(0.0078)
户口状况	−0.00805	(0.00928)	−0.003	(0.0035)
流动年限	0.00806***	(0.000972)	0.003***	(0.0003)
跨省流动	−0.130***	(0.0150)	−0.049***	(0.0052)
新生代流动人口	−0.0203	(0.0206)	−0.0076	(0.0077)
小孩个数	−0.0397***	(0.00799)	−0.0149***	(0.0029)
医疗保险	−0.0581***	(0.0140)	−0.0218***	(0.00517)
配偶随迁	0.681***	(0.0726)	0.255***	(0.0248)

续表

变量	CMP 模型		CMP _ mfx	
	回归系数	标准误	回归系数	标准误
家庭每月总收入	0.0272***	(0.00569)	0.0102***	(0.0021)
配偶年龄	−0.00694***	(0.00116)	−0.0026***	(0.00042)
同住家庭成员数	0.0887***	(0.0107)	0.0333***	(0.0037)
房价	−0.0276***	(0.00916)	−0.0103***	(0.0034)
人均 GDP	−0.00310	(0.00830)	−0.0012	(0.0031)
行业效应	√		√	
地区效应	√		√	
atanhrho _ 12	−1.567***	(0.116)		
常数项	−0.797***	(0.165)		
一阶段估计	是否有保障性住房			
	回归系数	标准误		
人均土地出让面积	0.00380***	(0.000300)		
常数项	0.0115***	(0.000747)		
一阶段 *F* 值	2656.95			
有效样本量	104788		104788	

从表 7-9 的结果可以看到，atanhrho _ 12 值是显著的，一阶段中的 *F* 值远大于 10，同时，人均土地出让面积与是否有保障性住房具有统计上的相关性，说明工具变量与内生变量满足相关性的要求，因此选用城市人均土地面积作为保障性住房的工具变量也是有效的，不存在弱工具变量问题。二阶段的回归结果显示，在使用了上年度城市土地出让面积作为新的工具变量后，保障性住房依然能显著地促进流动人口子女随迁，进而促进家庭化迁移。同时，表 7-9 与表 7-3 中保障性住房对子女随迁的边际效用估计结果也很接近，进一步表明了本部分的结论具有稳健性。

对于流动人口来说，群体间的内部差异较大，使得不同的群体间在保障性住房的申请和家庭迁移决策等行为上都存在着较大的差异，尤其是对于不同受教育程度和职业类型的流动人口，群体间存在着较为显著的人力资本差异和社会资本差异，因此，本部分进一步对不同受教育程度和不同职业性质的流动人口进行分类异质性检验，检验结果如表 7-10 所示。

表 7-10 稳健性检验：异质性检验

变量	小学及以下	中学	大专及以上	国有企业	体制外企业	自有职业者
是否有保障性住房	5.917***	7.286***	5.378***	3.85**	6.402***	7.593***
	(0.724)	(0.0774)	(0.492)	(1.465)	(0.07)	(0.113)
控制变量	√	√	√	√	√	√
行业效应	√	√	√	√	√	√
地区效应	√	√	√	√	√	√
atanhrho _ 12	−1.01***	−2.159***	−1.523***	−0.912	−2.24***	−1.899***
	(0.248)	(0.216)	(0.455)	(1.465)	(0.256)	(0.173)
常数项	−1.232	−0.791***	−2.67**	−2.415***	−1.47***	−0.676***
	(0.789)	(0.153)	(1.013)	(1.126)	(0.317)	(0.121)
一阶段估计	是否有保障性住房					
地级市土地出让金	−0.0042***	−0.0015***	−0.003***	−0.0057***	−0.003***	−0.0021***
	(0.0005)	(0.0003)	(0.001)	(0.0012)	(0.0005)	(0.00025)
有效样本量	19656	76983	16321	7255	31306	74399

如表 7-10 的结果所示，在划分了不同受教育程度和就业类型后，对于不同的流动人口群体，保障性住房对流动人口的家庭化迁移依然存在着显著的推动效应，说明即使是在考察了不同流动人口群体的人力资本差异和社会资本差异后，本部分的结论依然成立。

7.1.4 结论

本部分利用 2017 年流动人口动态监测调查数据，对保障性住房与家庭化迁移的直接效应进行了实证检验，利用补对数-对数模型校正了稀有事件偏差、利用基于条件混合过程的工具变量克服了由于遗漏变量所带来的内生性，以及利用倾向得分匹配法克服了样本的“自选择效应”后，估计结果均显示获得保障性住房能显著提高流动人口子女随迁的概率，推动其家庭化迁移。同时，本部分还进行了一系列的异质性和稳健性检验，检验结果显示：（1）在户籍制度的影响下，乡-城流动人口和城-城流动人口可能面临着不同程度的迁移障碍和壁垒，因此，本部分考察了不同户籍的群体差异影响，发现对于不同户籍状况的流动人口，保障性住房依然是有效促进流动人口家庭化迁移的因素之一。对于农业户籍的流动人口而言，从保障性住房中的“获利”程度更大，其对保障性住房的依赖更强，说明了在流动人口家庭化迁移的过程中，户籍制度所造成的障碍和隐性成本依然不能忽视，同时也说明农村土地尚未发挥对农业流动人口的保障和支撑作用。(2) 对于拥有多个子女的流动人口家庭而言，不同的子女可能面临不同迁移决策的情况，对于结论可能也会起到一定的干扰作用。因此，本部分进一步采用仅有一个子女的流动人口家庭样本进行检验，发现保障性住房对子女随迁的影响的边际效应依然是显著为正，说明在考虑多个小孩可能面临不同迁移决策的情况下，保障性住房对子女随迁的推动效应依然存在。(3) 考虑到地方的土地供给可以看作保障性住房供给的一个外生冲击，选用上年度城市人均土地出让面积作为替换工具变量，结果显示保障性住房对流动人口家庭化迁移的影响仍旧显著，本部分结论具有稳健性。(4) 进一步考察流动人口群体内部的人力资本差异和社会资本差异，本部分还将流动人口群体以不同的教育程度以及职业类型进行划分，并进行异质性检验。异质性检验结果表明，即使是流动人口内部存在着较大的组间差异，保障性住房对异质组流动人口的家庭化迁移的推动效应仍是显著的，作为解决流动人口住房困难问题的主要方案，保障性住房不仅能为流动人口提供稳定的居留住所，同时还能有效地推动流动人口举家迁移，这一结论对于当前推动我国的人口城镇化、实现重点人群的“安居梦”以及推动全体居民“住有所居”都具有重要意义。

7.2　保障性住房对乡-城家庭化迁移的影响机制检验

7.2.1　数据来源与变量选取

本部分将对前文所提出的保障性住房影响家庭化迁移的理论机制进行实证分析，因此，选用的数据与对样本的处理过程均与前文保持一致，即选用 2017 年 CMDS 数据，选择其中已婚及有子女的受访者样本，此外，还删除了 65 岁以上以及相关信息不全的样本，最终得到有效样本数量为 112995。

根据理论机制分析，保障性住房对家庭化迁移的影响机制主要包括经济效应(净收入效应与财富转移效应)、拉力效应、安居效应以及配套效应。上述理论机制分析可以选用以下的变量来衡量。

经济效应：从保障性住房的净收益效应来看，主要是指保障性住房能降低流动人口家庭在城市中的各项成本，从而发挥净收益的效应。保障性住房的财富转移效应是指保障性住房能降低预防性储蓄倾向和调节收入分配不平等，从而平滑家庭化迁移中的消费扩张。由此可见，对于流动人口家庭来说，在城市的住房成本和消费都是围绕住房来展开的，这些成本和消费都与城市的房价存在着直接或者间接的影响，所以本部分中采用“地级市房价的对数值”来对保障性住房的经济效应进行衡量，当地级市房价越高时，流动人口的住房成本和住房消费支出越大，保障性住房的调节效应也越大，从而能发挥更大的经济效应。

拉力效应：相对于流动人口举家迁移过程中所存在的各种阻力效应而言，从住房市场来说，保障性住房对流动人口家庭化迁移的拉力效应表现为保障性住房具有准公共物品属性，能有效地校正商品性住房的失灵，推动流动人口的家庭化迁移。因此，本文采用“落户意愿”来衡量保障性住房的拉力效应。根据原问卷中“如果您符合本地落户条件，您是否愿意把户口迁入本地?”若受访者回答“是”，则定义“落户意愿”为 1，反之则为 0。

安居效应：家庭化迁移下，流动人口家庭的居住需求也会随着迁移目的和迁移人数而改变。在非正式的居住安排下，难以满足举家迁移的居住需求增长，因此流动人口家庭难以在城市定居，而保障性住房能以较低的成本提供较好的居住环境，满足流动人口家庭化迁移的居住需求，从而提高了流动人口在城市的长期定居意愿。因此，本文采用“长期定居意愿”来衡量保障性住房的安居效应，根据原问卷中“如果您打算留在本地，您预计自己将在本地留多久?”通常，当流动人口在本地的居留时间超过 5 年，则认为其具有长期定居的意愿，此时“长期定居意愿”变量被定义为 1，反之则认为其不具有长期定居意愿，该变量被定义为 0。

配套效应：在家庭化迁移下，流动人口家庭对社会公共服务的需求呈现出多样化和复杂化的特点，但是在公共服务的非均等化供给下，城市的公共服务供给通常都依附在住房和户籍之上，而保障性住房和公共服务均是由地方政府作为供给主体，因此保障性住房对公共服务的配套效应相对更强，更能发挥对流动人口家庭化迁移的促进效应。同时，享有公共服务的流动人口群体在城市的社会融入程度也更高，家庭化迁移的意愿也更为强烈。因此，本文采用“社会融入”作为保障性住房配套效应的代理变量，主要选用“您业余时间在本地和谁来往最多(不包括顾客及其他亲属)”来进行定义，当流动人口选择跟本地人来往最多时，则可以视为其社会融入意愿较为强烈，此时定义该变量为 1，而当流动人口选择与同乡、其他外地人来往最多，或者很少与人来往时，则其社会融入意愿较低。

此外，在本部分所使用的控制变量中，还包括个人层面的控制变量（受访者年龄、年龄的平方、性别、受教育年限、健康状况、户口状况、流动年限、跨省流动、是否新生代农民工、是否有医疗保险)、家庭层面的控制变量（子女个数、配偶随迁、配偶年龄、家庭月收入对数值）以及地级市层面的控制变量（地级市人均 GDP 对数值)，这些变量在前文中均有详细的定义介绍。

7.2.2　评估方法与模型设定

对影响机制进行探讨和检验时，使用最多的方法便是中介效应模型，本部分也将沿用中介效应模型来对正面激励机制和负面激励机制进行逐一检验。在进行具体检验之前，本部分将先对模型的构建以及中介效应模型的检验步骤进行说明，以为后文的检验奠定基础。

1. 中介效应的基本模型

由于在前文中，采用控制内生性的工具变量法与采用 Probit 模型和 Logit 模型所得系数符号与显著性均能保持一致，采用 Probit 模型和 Logit 模型所得的结论也具有稳健性。为了更清晰地展示中介效应模型，在本部分中将不再对模型中可能的内生性进行探讨，本部分采用中介效应模型，借鉴温忠麟和叶宝娟(2014）的研究，中介效应模型的基准设置如下：

$$Y=cX+e_1 \tag{7-5}$$

$$M=aX+e_2 \tag{7-6}$$

$$Y=c'X+bM+e_3 \tag{7-7}$$

式（7-5）中的系数 c 表示保障性住房对家庭化迁移的总效应；式（7-6）中的系数 a 表示保障性住房对中介变量的效应；式（7-7）中的 b 表示控制了保障性住房变量后，中介变量对家庭化迁移的影响，c' 表示在控制了中介变量后，保障性住房对家庭化迁移的直接效应；e_1、e_2 和 e_3 是方程的残差项。其中 a 与 b 的乘积为保障性住房对家庭化迁移的间接效应。总效应 c、直接效应 c' 与间接效应 ab 存在着如下的关系（Mackinnon et al.，1995）：

$$c=c'+ab \tag{7-8}$$

2. 中介效应模型的检验程序

本部分采用 Sobel 中介效应检验法对保障性住房在流动人口家庭化迁移中可能存在的中介机制进行检验。

在中介效应的检验过程中，基础条件是保障性住房对家庭化迁移的总效应影响显著存在，即模型中的系数 c 应当显著不为零。若总效应不显著，则按遮掩效应立论。根据温忠麟和叶宝娟（2014）所总结的 Sobel 中介效应检验法，中介效应检验的具体方法与程序如图 7-2 所示。

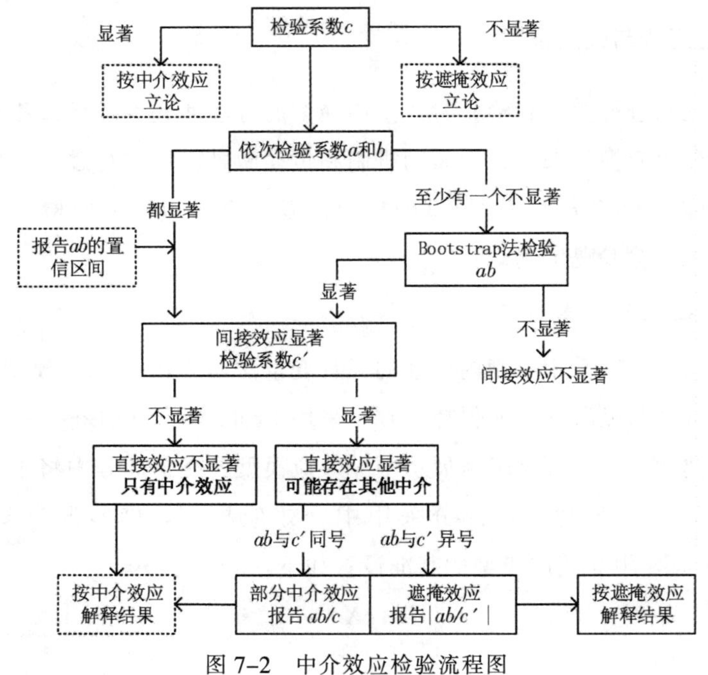

图 7-2 中介效应检验流程图

以图 7-2 为基准，本部分中使用的中介效应检验的具体方法与步骤可以总结为：

第一步，检验保障性住房对家庭化迁移的总效应。即检验式（7-5）中系数值 c，当其不显著时，则保障性住房与家庭化迁移间不存在显著关系，此时可停止中介效应检验，按遮掩效应理论处理。若系数值 c 显著，则可进行第二步检验。

第二步，检验部分中介效应，即依次检验模型方程组中的系数值 a 和 b。当模型方程组的系数值显著不等于零，说明保障性住房对所选中介变量存在着显著的影响。若是模型方程组中的系数值 a 和 b 都显著不等于零，说明保障性住房对家庭化迁移的影响至少有一部分是通过所选的中介变量来实现的，此时可以进入第三步检验。而若是系数值 a 和 b 中至少有一个不显著，则进入第四步检验。

第三步，检验完全中介效应，即检验模型方程组中的系数值 c'，若其不显著则表示存在完全中介效应，也就是说，保障性住房对家庭化迁移的影响完全经由此时选用的中介变量所传导。若 c' 显著，则为部分中介效应，并且可能还存在其他中介。在部分中介效应成立时，还存在着两种情况：ab 与 c' 是否同号。若是同号，则可按部分中介效应对结果进行解读，此时中介效应的大小（中介效应占总效应的比例）为 ab/c'。若两者异号，则只能按遮掩效应来对结果进行解读。若符合以上任一种情况，则该中介变量的中介效应检验过程结束。

第四步，若系数值 a 和 b 中至少有一个不显著，则需要用 Bootstrap 法来检验 ab。若 ab 不显著，则间接效应不显著，则该中介变量不是保障性住房影响家庭化迁移的传导机制。若 ab 显著，则检验系数值 c'。若 c' 不显著，则表示存在完全中介效应；若 c' 显著，则为部分中介效应，中介效应大小为 ab/c'，并且可能还存在其他中介机制。

3. 中介效应模型构建

（1）保障性住房经济效应的中介效应模型

采用地级市房价的对数值作为中介变量，其中介效应模型可以设定为：

$$\text{migrantchd}_i = c\text{house}_i + \alpha\text{control}_i + \eta_i + e_1 \tag{7-9}$$

$$\text{houseprice}_i = a\text{house}_i + \beta\text{control}_i + \eta_i + e_2 \tag{7-10}$$

$$\text{migrantchd}_i = c'\text{house}_i + b\text{houseprice}_i + \gamma\text{control}_i + \eta_i + e_3 \tag{7-11}$$

houseprice_i 表示流动人口家庭流入城市的房价对数值。由于 migrantchd_i 是二元变量，houseprice_i 可近似看作连续变量，因此，对于式（7-9）和式（7-11）采用 Probit 进行估计，而对于式（7-10）则采用 OLS 模型进行估计，对保障性住房的经济效应的中介效应进行检验。

（2）保障性住房拉力效应的中介效应模型

根据保障性住房拉力效应的理论机制分析，选用“落户意愿”作为中介变量，其中介效应模型可以设定为：

$$\text{migrantchd}_i = c\text{house}_i + \alpha\text{control}_i + \eta_i + e_1 \tag{7-12}$$

$$\text{luohu}_i = a\text{house}_i + \beta\text{control}_i + \eta_i + e_2 \tag{7-13}$$

$$\text{migrantchd}_i = c'\text{house}_i + b\text{luohu}_i + \gamma\text{control}_i + \eta_i + e_3 \tag{7-14}$$

luohu_i 代表流动人口落户意愿的变量，由于 migrantchd_i 和 luohu_i 为二值变量，因此，均采用 Probit 方法对式（7-12）、式（7-13）和式（7-14）进行估计，对保障性住房拉力效应的中介效应进行检验。

（3）保障性住房安居效应的中介效应模型

根据保障性住房安居效应的理论机制分析，选用“长期定居意愿”作为中介变量，其中介效应模型可以设定为：

$$\text{migrantchd}_i = c\text{house}_i + \alpha\text{control}_i + \eta_i + e_1 \tag{7-15}$$

$$\text{residlong}_i = a\text{house}_i + \beta\text{control}_i + \eta_i + e_2 \tag{7-16}$$

$$\text{migrantchd}_i = c'\text{house}_\text{i} + b\text{residlong}_i + \gamma\text{control}_i + \eta_i + e_3 \tag{7-17}$$

residlong_i 是代表流动人口长期定居意愿的变量，同样，由于 migrantchd_i 和 residlong_i 这两个变量均为二值变量，仍采用 Probit 模型对式（7-15）、式（7-16）和式（7-17）进行估计，对保障性住房安居效应的中介效应进行检验。

（4）保障性住房配套效应的中介效应模型

根据保障性住房配套效应的理论机制分析，可以选用“社会融入”变量作为保障性住房配套效应的替代变量，相应的中介效应模型可以设定为：

$$\text{migrantchd}_i = c\text{house}_i + \alpha\text{control}_i + \eta_i + e_1 \tag{7-18}$$

$$\text{rongru}_i = a\text{house}_i + \beta\text{control}_i + \eta_i + e_2 \tag{7-19}$$

$$\text{migrantchd}_i = c'\text{house}_i + b\text{rongru}_i + \gamma\text{control}_i + \eta_i + e_3 \tag{7-20}$$

同理，rongru_i 表示流动人口社会融入变量，migrantchd_i 和 rongru_i 变量均为二元选择变量，因此其中介效应模型检验过程中也采用 Probit 模型进行估计，对保障性住房的配套效应进行检验。

7.2.3 模型估计结果与分析

1. 中介效应模型回归结果分析

根据相应的中介效应模型，本部分逐一对保障性住房影响流动人口家庭化迁移的四个激励机制进行检验，检验结果如表 7-11 所示。

表 7-11　保障性住房对流动人口家庭化迁移的正面激励机制的中介效应检验

	一阶段	经济效应		拉力效应		安居效应		配套效应	
	家庭化迁移	房价	家庭化迁移	落户意愿	家庭化迁移	定居意愿	家庭化迁移	社会融入	家庭化迁移
c(保障性住房)	0.107** (0.0434)								
a(保障性住房)		−0.0557*** (0.0109)		0.0834** (0.0380)		0.206*** (0.0487)		0.136*** (0.0375)	
b(中介变量)			−0.126*** (0.0173)		0.0993** (0.0434)		0.100** (0.0434)		0.0980** (0.0434)
c'(保障性住房)			0.117** (0.0470)		0.170*** (0.0122)		0.123*** (0.0153)		0.145*** (0.0132)
个人层面控制变量	控制	控制	控制	控制	控制	控制	控制	控制	控制
家庭层面控制变量	控制	控制	控制	控制	控制	控制	控制	控制	控制
地级市层面控制变量	控制	控制	控制	控制	控制	控制	控制	控制	控制
地区效应	控制	控制	控制	控制	控制	控制	控制	控制	控制
中介效应类型		部分中介效应		部分中介效应		部分中介效应		部分中介效应	
中介效应大小		0.07		0.08		0.19		0.12	
常数项	−1.368*** (0.268)	2.820*** (0.0689)	−0.961*** (0.291)	−4.454*** (0.242)	−1.158*** (0.269)	−2.763*** (0.307)	−0.965*** (0.291)	2.381*** (0.271)	−1.139*** (0.292)
有效样本量	63767	56024	56024	63767	63767	56024	56024	56024	56524

在一阶段回归中，保障性住房对家庭化迁移的总效应显著为正，符合中介效应检验的基础条件，有必要就保障性住房对家庭化迁移的四个可能机制进行进一步的中介效应检验。从经济效应的实证结果来看，采用房价作为衡量流动人口在城市生活成本的代理变量，发现房价越高，子女随迁的比例越低，家庭的不完全迁居状况越明显，而保障性住房能有效地抑制房价的上涨，降低流动人口家庭在城市的生活成本。因此，保障性住房能有效地发挥净收益效应，推动流动人口的家庭化迁移。在中介效应检验中，经济效应发挥了部分中介效应，中介效应大小为0.07。从拉力效应的实证结果来看，想要在迁入地城市落户的流动人口更倾向于进行家庭化迁移，而在迁入地城市的保障性住房进一步强化了落户意愿，进而促进其选择家庭化迁移。在中介效应检验中，拉力效应也发挥了部分中介效应，中介效应大小为0.08。从安居效应的检验结果来看，流动人口在迁入地城市的定居意愿是影响子女是否随迁的重要因素，定居意愿越强，子女随迁的可能性越高，进而实现家庭化迁移。在保障性住房的安居效应下，流动人口获得保障性住房将提高其在迁入地长期定居的意愿，从而提高子女随迁的概率和家庭化迁移的概率。在中介效应检验中，安居效应也发挥了部分中介效应，中介效应大小为0.19。从保障性住房的配套效应来看，获得保障性住房能缓解流动人口与城市居民的居住隔离和社会隔离，促使流动人口更积极主动地融入城市生活中去，提高其市民身份认同感，从而推动其子女随迁和家庭化迁移进程。在中介效应检验中，配套效应也发挥了部分中介效应，中介效应大小为0.12。即保障性住房有效地提高了流动人口的市民化意愿，进而推动了流动人口的家庭化迁移。此外，拉力效应、安居效应和配套效应也可以视为保障性住房所发挥的社会效应，而社会效应的中介效应均大于经济效应，可见，在流动人口家庭化迁移的过程中，更看重的是保障性住房所带来的社会效应而非经济效应。

2. 稳健性检验

在前文进行中介效应检验时，是对全部样本进行检验，其中也包括了购买商品房和居住在自建房中的流动人口家庭样本。商品房和自建房除了同保障性住房一样能给流动人口提供适合举家迁移的居住环境外，在家庭化迁移过程中也同样能发挥出拉力效应、安居效应和配套效应。同时，对于拥有商品房和自建房的流动人口家庭，大部分都属于中高收入群体，他们的经济实力更强，在城市公共服务的使用上相对于中低收入的流动人口而言更具优势，这些也会影响到流动人口的家庭迁移决策。因此，在稳健性检验中，本部分剔除了居住在商品房和自建房中的流动人口家庭，仅保留保障性住房样本和其他住房样本，对中介效应的检验结果进行稳健性检验，稳健性检验结果如表 7-12 所示。

从表 7-12 可以看到，在剔除了商品房样本和自建房样本后，保障性住房的经济效应、拉力效应、安居效应和配套效应依然能发挥推动流动人口家庭化迁移的部分中介效应。表 7-12 中各个自变量和中介变量的符号均与表 7-11 中的保持一致，同时也在 1%的水平下显著，本部分的结果具有稳健性。但是在使用了窄样本进行稳健性检验后，各个中介效应的大小均有提升，经济效应、拉力效应、安居效应与配套效应的部分中介效应大小分别为 0.06、0.19、0.3 和 0.4，同时，保障性住房对流动人口家庭化迁移的直接效应也从 0.107 上升到了 0.122，因此，商品性住房和自建房样本的存在可能会低估保障性住房对流动人口家庭化迁移的促进效用。

表 7-12 保障性住房对流动人口家庭化迁移的正面激励机制的中介效应的稳健性检验

	一阶段	经济效应		拉力效应		安居效应		配套效应	
	家庭化迁移	房价	家庭化迁移	落户意愿	家庭化迁移	定居意愿	家庭化迁移	社会融入	家庭化迁移
c(保障性住房)	0.122*** (0.0431)								
a(保障性住房)		−0.0764*** (0.0110)		0.108*** (0.0383)		0.306*** (0.0490)		0.268*** (0.0379)	
b(中介变量)			−0.0952*** (0.0196)		0.213*** (0.0138)		0.121*** (0.0165)		0.172*** (0.0157)
c'(保障性住房)			0.134*** (0.0466)		0.112*** (0.0431)		0.113*** (0.0431)		0.104** (0.0431)
个人层面控制变量	控制	控制	控制	控制	控制	控制	控制	控制	控制
家庭层面控制变量	控制	控制	控制	控制	控制	控制	控制	控制	控制
地级市层面控制变量	控制	控制	控制	控制	控制	控制	控制	控制	控制
地区效应	控制	控制	控制	控制	控制	控制	控制	控制	控制
中介效应类型		部分中介效应		部分中介效应		部分中介效应		部分中介效应	
中介效应大小		0.06		0.19		0.3		0.4	
常数项	−0.547* (0.305)	2.552*** (0.0808)	−0.279 (0.333)	−5.340*** (0.285)	−0.234 (0.306)	−2.83*** (0.319)	−0.532* (0.305)	1.279*** (0.304)	−0.711** (0.306)
有效样本量	47682	41491	41491	47682	47682	47682	47682	47682	47682

7.2.4　进一步分析——多重中介效应检验结果与分析

由前文的中介效应检验可知，保障性住房对家庭化迁移的推进过程中存在着多个中介变量，对多个中介变量进行综合分析才能清晰地解释保障性住房对家庭化迁移的作用机制。在前文中均是基于各个中介变量间不存在相互影响而进行的单步中介效应检验，但从现实来看，各个中介变量间也会存在着相互影响，因此，还需要进行多步多重中介效应检验。

如图 7-8 所示，本部分参考 Preacher 和 Hayes（2008）所提出的多重中介效应模型来进行相应的检验。在没有中介变量的模型中，检验自变量 X 对因变量 Y 的总效应（路径）；而在有中介变量的模型中，即存在着直接效应（路径 c'）和间接效应（j 个中介变量路径），每个中介变量所产生的间接效应大小为其传导路径中系数值的乘积，a_1b_1，a_2b_2，…，$a_{j-1}b_{j-1}$，a_jb_j。自变量 X 对因变量 Y 总的间接效应大小就是各个中介变量的间接效应大小之和，即 $\sum_i (a_i b_i), i = 1, \cdots, j$，自变量 X 对因变量 Y 的总效应就可以表示为直接效应与所有间接效应之和，即 $c = c' + \sum_i (a_i b_i), i = 1, \cdots, j$，因此总间接效应也可以用总效应和直接效应来表示，即 $c - c'$。

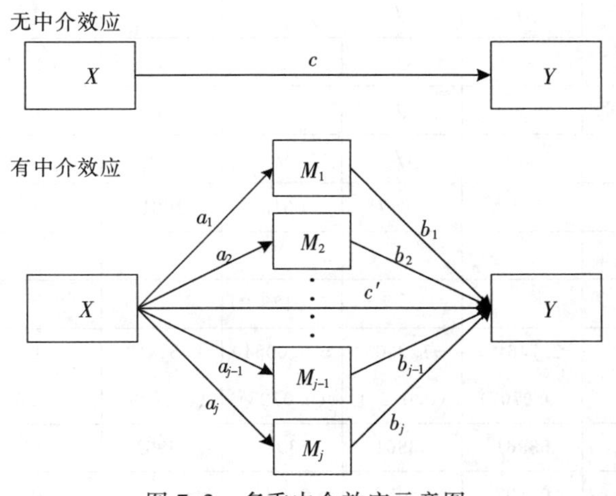

图 7-3　多重中介效应示意图

在多重中介效应模型中，只要得到了 a_i 和 b_i 的值，即能得到各个中介变量的多步多重中介效应大小，在多重中介效应模型中系数值往往采用似不相关回归

（seemingly unrelated regression，SUR）来进行估计。

本部分将理论机制部分四个正面激励机制的中介变量均纳入多重中介效应模型中，多步多重中介效应的检验结果如表 7-13 所示。

表 7-13　多重中介效应检验结果

变量	经济效应	拉力效应	安居效应	配套效应	奥斯瓦尔德假说	家庭化迁移
	房价	落户意愿	定居意愿	社会融入	工作参与	
保障性住房	−0.0573***	0.0395***	0.0497***	0.0554***	−0.0401***	0.0232*
	(0.0110)	(0.0144)	(0.0113)	(0.0136)	(0.0107)	(0.0125)
房价						−0.0376***
						(0.00498)
落户意愿						0.0439***
						(0.00387)
定居意愿						0.0246***
						(0.00488)
社会融入						0.0372***
						(0.00397)
工作参与						−0.139***
						(0.00500)
个人层面控制变量	√	√	√	√	√	√
家庭层面控制变量	√	√	√	√	√	√
地级市层面控制变量	√	√	√	√	√	√
地区效应	√	√	√	√	√	√
间接效应大小	0.0022***	0.0017**	0.0012***	0.0021***	0.0056***	
直接效应大小						0.0232*
总间接效应大小			0.0128***			
常数项	2.746***	−1.260***	−0.00540	0.814***	−1.360***	0.292***
	(0.0707)	(0.0929)	(0.0728)	(0.0879)	(0.0693)	(0.0824)
有效样本量	53961	53961	53961	53961	53961	53961
R^2	0.602	0.062	0.032	0.089	0.149	0.264

从表 7-13 的多步多重中介效应检验结果来看，在考虑了各个中介变量间的相互影响作用后，保障性住房的各项激励机制依然是推动流动人口家庭化迁移的

重要途径。从检验结果可以看到，经济效应、拉力效应、安居效应、配套效应的间接效应大小分别为 0.0022、0.0017、0.0012 和 0.0021，总体间接效应大小为 0.0072。保障性住房对家庭化迁移的直接效应为 0.0232，因此保障性住房对家庭化迁移的总效应为 0.0304，保障性住房对家庭化迁移的直接影响效应为 76.3％（0.0232/0.0304），通过中介变量发挥的间接影响效应为 23.7％（0.0072/0.0304）。

7.2.5　结论

在不考虑各个中介变量的相互影响下，本部分采用单步中介效应检验方法对各个中介效应进行检验，发现保障性住房的经济效应、拉力效应、安居效应、配套效应均存在着部分中介效应，从单步中介效应大小来看，社会效应（拉力效应、安居效应和配套效应）的中介效应要大于经济效应，也就是说流动人口在家庭化迁移的过程中更加关注保障性住房所带来的社会效应而非单纯的经济效应。此外，考虑到各中介变量间的相互作用，本部分还进一步进行了多步多重中介效应的检验。在多重中介效应中，保障性住房的经济效应、拉力效应、安居效应、配套效应和间接效应均是显著的。因此，在制定相关的住房保障政策时还应当把对就业的影响纳入其中，建立与住房保障政策相适应的灵活就业机制。

第 8 章　新时期以城乡融合为政策目标的住房保障体系构建

8.1　政府主导的多元化保障性住房供给体系构建

保障性住房建设是一项重要的政府工程，应当坚持以政府为主导，优化资源配置。政府应成立权威的保障性住房管理机构负责开展保障性住房的核验工作，具体包括：负责保障性住房建设的协调、组织、监管工作。同时，政府可鼓励经济实力较强的企业积极参与保障性住房建设，如在企业建设开发商品房时，鼓励企业按照总设计面积的一定百分比建设廉租房或经济适用房，通过对建设保障性住房的企业给予大量支持，在土地价格、银行贷款利率、税收等各方面给予政策优惠，使参与保障性住房建设的企业有充足的动力。由政府主导、多主体共同参与保障性住房建设能够有效增加保障性住房供给，扩大住房保障覆盖范围，切实解决中低收入家庭的住房困难问题，从而有效降低家庭的恩格尔系数，有力缩小社会收入差距。

由于我国地域辽阔，各地地理环境、资源禀赋及区位优势不同，各地区尤其是东部和西部间的经济发展水平必然存在着较大差距。不同地区居民的生活方式不同，对住房类型的需求也不尽相同。按照中央对保障性住房建设的统一指导，要结合城市自身特色，建设适合地方居民生活方式的住房，这样才能切实有效地满足居民多样化多层次的住房需求。具体分工如下：中央政府主要负责宏观层面的政策制定，考虑到保障对象的差异性，不能追求整齐划一的标准。地方政府应根据中央的方针路线指导，细化制定适宜当地的具体法规措施，中央与地方政府相互协调，共同推进保障性住房建设。保障性住房的性质决定了其必须由政府主导，在法律上，必须明确政府对公民居住权保障方面的责任，履行好政府职能。由于保障性住房建设资金需求量巨大，为了解决保障性住房建设的资金问题，国家要不断地加大资金支持，还要不断地完善其资金的供给制度。在保障性住房建设过程中，政府在执行中央政策的过程中可能会遇到当地情况和中央规定相冲突和矛盾的地方，即中央从整体局面出发长远地考虑对保障性住房的投资，而地方政府领导在任期内更倾向于建设能为财政创收的商品房，对于保障性住房的建设积极性并不高。对此，政府应当妥善处理好国家利益和地方利益间的矛盾。地方政府需要转变其执政观念，保障性住房是提高社会整体福利的重要内容，是缩小社会收入差距的重要途径，建设保障性住房是地方政府分内的工作。地方政府要在中央的领导下，根据本地的实际情况，为保障性住房建设提供有效的支持。同时，建立监督和问责机制，将保障性住房建设这一指标纳入地方政府政绩考核体系中，从而对地方政府形成有效的监督。中央政府也要根据各地方的实际情况给予差异化的支持和政策指导，特别要对西部少数民族地区提供更大的资金支持，补贴参与建设保障性住房的各方主体。

8.2　多渠道保障性住房建设资金筹集体系构建

坚持以财政为主，多渠道筹集建设资金。当前，我国正处于产业升级、经济转型的关键时期，各项事业发展对财政资金的需求日益增加，加之又处在工业化和城市化的快速发展阶段，政府的职能范围得到进一步扩张，政府的财政资金压力愈发加重，因此，仅依靠政府财政支出来建设保障性住房是不现实的。再者，保障性住房涉及的对象是千千万万的公民，是重要的社会问题。虽然前期融资依靠政府主导推动和财政支持是必要的，但是长远来看，保障性住房建设资金需求巨大，仅靠政府单方面的投入是不够的，无法完全解决中低收入家庭的住房困难问题。我国应秉持“以财政为主，多渠道筹集”的原则，在强化政府对保障性住房建设的财政支持、加强对已有筹集渠道的管理和监督之外，积极拓宽其他的融资渠道，并引入金融创新，实现多渠道、多方式融资，充分吸纳社会沉淀资本流入保障性住房建设，为保障性住房建设提供持续、充足的多元化资金支持。第一，拓展融资主体。政府应当制定相关优惠政策来激励投融资平台企业、房地产企业和金融机构等社会主体参与保障性住房建设。比如，对于投资参与保障性住房建设和经营租赁型保障房的企业，可享有与政府投资同等的政策贴息、税收减免、商业银行贷款优先等优惠政策，从而激励各类企业和机构积极参与保障性住房建设项目。第二，建立信贷担保机构。我国应加快构建支持保障性住房建设的信贷担保体系，成立专门的机构，主要负责向低收入家庭提供政策性贷款担保、住房抵押贷款，建立财政担保-补贴-市场三者之间的补偿调节机制。例如，设立住房信贷担保机构对口现有的保障房管理机构，并通过相关措施促进信用增级，吸引银行对保障房融资或是直接向保障房项目责任方提供建设贷款。在信用增级的前提下，可以积极探索 BT、BOT 及融资租赁、产业投资基金、保险资金等融资来源以吸纳民间资本，建立财政资金-信贷资金-民间资金协同合作机制，为保障性住房建设提供稳定充足的资金流。第三，成立政策性住房金融机构。政策性住房金融机构专门负责为保障性住房建设和融资提供所需金融服务。国家有关部委应关注研究将民间资本引入保障性住房运营的方式，并加快制定金融机构支持保障性住房特别是公租房建设的中长期贷款政策。具体依靠政府补助、注入资本金或贴息，借助商业银行贷款，有效增强保障性住房建设的融资能力。第四，运用金融创新，引入住房保障政策性金融工具。保障性住房的福利性（公益性）决定了其投资回报率低，这与资本的逐利性相悖离，导致社会投资者缺乏介入动力。我国可以学习发达国家的融资经验，依靠金融创新开发推出与保障性住房建设资金运行特点相匹配的一系列金融产品，引进如房地产信托投资基金（REITs）、私募债权融资和短期融资券等住房保障政策性金融工具。各类住房保障政策性金融工具具备可操作性强、灵活性高、渠道广泛、利益可观、资金规模大等特征，极大地激发了投资者的积极性，成为保障性住房融资的得力工具。

健全农民工公积金制度，确保市民化进程中农民工住房保障资金供给。住房公积金制度作为一项重要的住房保障制度，能够有效提高缴存者和受补贴者的住房支付能力。目前我国农民工的住房公积金缴存规模不断扩大，但缴存覆盖面仍然偏低。对此，一是完善农民工住房公积金制度，加强相关法律法规建设来强化制度的执行力度。二是扩大住房公积金的使用范围，支持不同收入阶层农民工的住房消费。由于多数农民工本身储蓄较少、工资收入偏低，根本无力承担购房支出，即使按期缴纳公积金对其未来购房的支持也并不明显。对于这部分人群，可以允许其提取住房公积金用于房租支付，有效减轻农民工的居住压力，使公积金制度能够更切实地惠及农民工群体。三是加大住房公积金制度的宣传力度，政府可通过制作简单易懂的宣传手册、设立相应咨询服务窗口，提高农民工对住房公积金制度的认知，增强流动人口缴存住房公积金的积极性，让更多的农民工成为住房公积金制度的政策受益者。四是激发企业缴纳公积金的积极性。鉴于缴纳公积金会影响企业的收益，较多企业可能存在缴纳公积金积极性较差的现象，政府除了采取相应的监督惩罚机制之外，也可以通过树立先进模范，建立相应奖励机制来鼓励企业积极落实公积金制度。五是制定灵活的农民工公积金缴纳方式。企业可暂时按较低的缴纳比例为农民工先建立住房公积金账户，再根据企业发展、效益提升逐步提高公积金缴纳比例。与此同时，也可以鼓励效益条件较好、规模较大、用工稳定的企业建缴公积金的比例一步到位，缴纳范围覆盖全体农民工群体。对于用工流动性、季节性较强的企业，可先将与企业建立稳定劳动关系的农民工优先纳入公积金缴纳范围中。六是加强政府的监督职能。中央政府应当将农民工公积金与医疗、养老保险置于同样重要的地位，实施统一的全国缴费标准，强化住房公积金管理中心的执法力度，避免政策执行过程中出现权责不明确的现象。地方政府应当不断完善执法队伍，加强对企业尤其是非公有企业公积金缴纳情况的监督检查。

8.3　土地制度改革与城乡统一建设用地市场构建

改革土地供应制度，支持住房保障体系构建。理论上，土地供给应兼顾社会公共福利最大化和提高土地资源配置效率双重目标。基本住房需求属于前一个目标，投资性商品房需求则属于后一个目标。为了满足基本居住需求，土地供给应尽量低价；投资需求用地应由市场机制决定价格，以提高土地配置效率，增加公共财政积累。通过土地利用总体规划和年度用地计划实行比例控制，保证保障性住房用地供给量。针对不同类型住房实行不同供地方式，对于公租房、经济适用房、廉租房等保障性住房应当优先纳入年度新增建设用地计划和国有建设用地供应计划中，采取政府兜底保障，主要以划拨的方式供应土地。关于商品住房的供地方式，应严格按照中央保持房地产调控政策连续性和稳定性的相关要求，通过市场化配置资源，采取公开招拍挂的方式供应土地。建立各类住房用地的取予联动机制，中高档商品住房用地的收益，通过保障房开发贷款、保障对象抵押贷款利息补贴和违约担保等方式，资助基本住房的开发和购租补贴，补贴额度应随着房价浮动。基于当前分税制财政体制下地方税源不足的情况，探索建立保障性住房用地的批租和年租并存制度作为过渡性制度，每年按评估价征收一定的租金，既可以降低保障性住房的成本，也能一定程度上缓解地方财政压力。

拓宽保障房建设用地供应渠道。为了满足日益增长的保障性住房建设用地需求，推动保障性住房安居工程可持续发展，我国应当积极拓宽保障房建设用地供应渠道，加快建立城乡统一的建设用地市场。在拓宽土地供给来源方面，可以从新增建设用地和盘活存量建设用地两方面入手：一是新增建设用地。充分利用农村集体土地，科学转换农村建设用地用途，探索农村集体土地纳入保障性住房建设用地来源的合理模式，如地票模式。这样不仅扩大了保障性住房建设用地供应量，缓解了城市土地供应压力，而且由于农村集体土地价格相对较低，有力减轻了保障性住房的建设成本。深化利用农村集体经营性建设用地建设租赁住房试点，释放土地要素动能，在供给模式上可以采用让渡土地和房屋使用权的租赁模式，以及让渡土地使用权和部分房屋产权的共有产权模式，推动住房租赁市场的发展。二是盘活存量土地。政府在推进城市建设、规划城市布局的进程中，应科学统筹用地指标，优先将棚户改造区和城中村改造的剩余用地用于保障性住房建设。由于历史的原因，很多机关、国有企事业单位掌握了部分自有土地，或随着机构调整，其原有房产出现过剩现象。政府可以鼓励拥有土地的单位建造保障性住房，在本单位内部符合条件的人群内租赁滚动，一旦超出标准就退出，并转给下一个符合条件者，既能解决基本居住需求，又避免将其推向市场抬高房价，同时还充分利用了闲置土地资源，提高了资源配置效率。

建立城乡统一建设用地市场。城乡统一的建设用地市场有助于土地要素在城乡间自由流动，实现科学合理配置，有效推进城乡融合发展。我国应当顺应社会发展趋势，以农民利益为重，积极推进农村土地制度改革，最大限度地激活农村土地资源，加快建立城乡统一的建设用地市场。在现行的土地制度下完善产权制度，将农村土地的决策权交让给集体土地所有者，打破地方政府对土地一级市场的绝对垄断。在符合规划和用途管制的前提下，允许农村集体经营性建设用地出让、租赁、入股，实现农村集体建设用地与城市国有建设用地“同地同价同权”要素市场平等化，建立农村集体经营性建设用地产权流转制度，进而形成城乡统一的建设用地市场。在城乡统一建设用地市场的内在建设方面，一是要加快培育成熟的市场主体，即提升集体经济组织的交易能力和市场地位。二是明确界定交易对象，有效推进城乡建设用地“同价同权”。三是制定科学合理的市场规则和详细规范的交易程序，保证城乡建设用地市场的正常有序运行。四是构建完善的建设用地交易平台，为城乡建设用地使用权实现公平公开交易创造有利条件。在外部环境方面，政府应当加强相关组织制度建设，为维持城乡统一建设用地市场的健康正常运行提供法律法规保障，并积极发挥其监督、指导及服务作用。

8.4　城乡住房产权均等与住房市场统一体系构建

推动实现农村住房与城镇住房产权均等化。(1) 改革农村住房产权制度。第一，在保持现有宅基地集体所有的土地性质不变的前提下，强化宅基地用益物权的权能，保证农村住房产权完整，允许农村住房自由流转、有偿使用。第二，全面清理现有法律、法规及有关政策中的不合理条款，消除造成农村住房产权残缺的制度因素。并且，建立完善详细的法律法规为顺利实施农村土地制度改革提供法律依据及制度保障，并在法律层面上明确农村住房产权的内涵。第三，可将农村住房产权流转过程中所收取的土地出让金和相关税收，按一定比例用于农村基础设施及公共服务设施建设，以及为农民提供相关社会保障。(2) 构建城乡统一的住房产权制度。一是实现住房处分权均等化，即农村住房产权人应当拥有与城市住房产权人同等的租赁、出售、抵押等房屋处置权。二是实现土地使用权均等化，城乡住房产权人对于房屋的使用权期限（最高不超过 70 年）应当保持相同。如果农村住房是由产权人自住，则在土地使用权到期后可以自动无偿续期；如果农村住房已出售给除集体经济组织之外的个人或单位，土地使用权到期后可根据城镇住房土地使用权管理制度进行续期。三是对城乡住房产权进行统一登记管理。产权登记机构应对补交了土地出让金的农村住房进行统一登记管理，纳入产权登记档案，并向产权人发放产权证和土地使用证。

逐步放开农村住房市场，建立城乡统一的住房市场。第一，规范农村住房上市交易的资格。具体包括：符合农村原住户人均宅基地占用面积不超过 35 平方米的国家规定，上市的农村住房必须坐落于农村集中居住区，同时需配置基本的公共服务条件，住房质量应达到商品性住房的建筑安全标准，并由政府建设部门进行验收确认。第二，成立农村中介组织负责住房业务。鉴于农民对房屋出售、出租、抵押等处置业务不熟悉，且有大量农民工长期在外务工，无暇管理自有农村住房。为了顺利推进农村住房上市流转，可以借鉴城市住房中介经验，成立制度完善、运作规范的农村中介组织负责管理住房业务，并借助多媒体、互联网平台开展线上业务，扩大信息共享范围。第三，实行城乡住房统筹规划。由于农村住房布局过于分散，占据了大量土地，不利于土地集约使用和农民生产生活，必须结合当地实情制定适宜的发展规划。可借鉴城市商品房建设开发经验，在农村集中居住区进行开发，可通过积极吸纳社会资本获得建设资金，由农村集体经济组织与开发商就土地价格、技术、配套设施进行详细商讨，确定各方权责，协同开发农村房地产。在获得开发资格的农村集体土地上建设的住房，应当建立合理的市场准入机制，规范这类住房的销售和租赁对象，从而可明确界定农村房地产的覆盖面，促进房地产商在开发过程中配置相应的户型、数量等。第四，构建城乡统一的住房保障制度。城乡居民应享有同等的居住权力，我国应加快建立城乡统一的住房保障体系，将农村居民有序纳入住房保障体系，保证城乡居民享受平等的住房保障，从而实现城乡居民包括外出务工流动人口的住房保障全面覆盖，有效发挥城乡住房保障制度的协同作用。在准入环节中，应破除户籍门槛限制，确保保障对象覆盖当地常住人口中的全部中低收入群体。此外，可以通过协议的方式与农村集体经济组织合作开发建设保障性住房，实行科学合理分工，如城市政府主要负担建设资金筹集，农村集体经济组织负责供应保障房建设所需的土地。

第 9 章　城乡融合背景下保障性住房长效机制的政策措施

9.1　健全保障性住房的政策支持体系

9.1.1　强化财税政策支持和引导

加大财政扶持力度。具体包括：加大中央财政补助力度，保证对保障性住房的财政投入增速至少超过保障性住房建设任务量的增速，以期尽快达到投入的“底线”；发行保障性安居工程专项国债，国债的规模可以依据保障性住房建设量来进行调整，地方政府债券收入可以优先用于住房保障支出；在中央和省级，设立保障性安居工程基金或担保公司，统筹中西部和困难地区的资本金和担保等需求；扩大地方政府资金来源，建议至少将土地出让净收益的 15%～20%或毛收入的 5%用于保障性住房建设投资，同时，将保障性住房支出纳入各级政府的财政预算中，以期获得稳定资金来源；改进政府的资金使用办法，主要采取本金注入、贴息、担保等方式，发挥引导放大作用，中央和省级补助资金采取“以奖代补”办法；在从住房公积金增值收入中提取风险准备金（比例不得低于 60%）、管理费用后，中央政府可将剩余增值收益部分用于支持保障性住房建设。此外，积极探索引入其他财政性资金作为补充，如住房公积金贷款，即各地在优先保证缴存职工提取个人住房贷款，留足备付准备金后，可以将合理比例的住房公积金结余资金用于保障性住房建设贷款发放。

实施税收优惠政策。关于保障性住房的税收优惠政策，根据对象不同，主要分为两类：一是对建设主体方的税收优惠政策。由于保障性住房是准公共用品，具有非排他性和非竞争性的特征，同时，保障性住房需求量巨大，因此，在坚持政府主导保障性住房建设的同时，可以引入除政府之外的私人企业共同参与，从而广泛吸收社会资本助力保障性住房建设。为此，政府可以通过实施税收优惠政策，如参与保障房建设的企业可享受税收优惠或减免、获得贷款贴息等，充分调动私人企业参与建设保障房的积极性。二是对保障性住房需求方的税收优惠政策。如果符合条件的中低收入家庭购买保障性住房，可以实行免交税费，并且，政府可提供一定的贷款贴息。

推进房地产税改革。房地产税作为地方财政收入来源，税基的确立较为复杂，且在实施的过程中也面临许多困难，目前仅在试点城市进行。实施房地产税能够提高我国财政收入，降低地方政府对土地财政的依赖性，也可以推动土地财政的转型发展。此外，实行差异化的房地产税征收机制，有利于发挥对家庭间收入分配的调节作用，促进社会公平，防止社会固化。我国通过实施房地产税来拉动财税体制改革，完善优化地方财税体系，开设用于保障性住房建设的预算刚需，获得长期稳定资金来源来支持保障性住房建设。在建立现代财税制度过程中，各地方政府应结合本地实际，依据本地财力状况和保障对象数量等因素，尽快制定地区供求标准，中央政府制定相适应的国家基础分担标准。其次，大力培植新税源。我国应当根据“立法先行、充分授权、分步推进”的步骤，积极推动房地产税立法，保障相关法律法规顺利实施。在税制设计上遵循“宽税基、低税率、少税种”的基本原则，改变现有房产税“重流转，轻保有”设计，对存量房和增量房同时征税，合并冗余税种，实行低水平的差别税率。同时，为保障我国低收入住房困难家庭的权益，可根据我国人均住房面积合理设置免税面积。

9.1.2 完善法律法规提供法治保障

中央立法不可或缺。我国经济发展的不同阶段体现出不同的经济发展特色，对于保障性住房建设也实施了不同的策略。保障性住房建设的权利配置是关注的焦点，而权利的配置是构建法治社会和推进国家现代化建设的核心内容，权利的发挥也需要法制的保障。就现阶段而言，我国关于保障性住房的法律法规并不健全，法律建设相对滞后，难以适应新时代保障性住房的发展。并且，保障性住房在建设过程中容易出现地方利益与国家利益相冲突的矛盾，其根源在于没有立法约束，保障性住房对提高公民福利的重要作用没有得到应有的重视。完善的法律制度是推动我国保障性住房持续发展、实现保障收入再分配公平性的重要条件。为此，我国应当根据现阶段国情国力，借鉴西方国家成熟的住房立法经验，积极推进保障性住房立法，制定和出台《住房保障法》，来保障居民的住房基本权利，调节处理好住房各主体的利益，从而实现住房相对公平。

地方立法及时到位。在以民生改善为重点的社会建设中，完善住房保障的法制化保障是未来发展中的重要任务。当中央政策下达以后，地方政府会根据中央的精神和文件来制定地方的细则，而不同的地方各自不同，并且，随着政策的层层传达和细化，很有可能造成同一政策在不同地区的差异化实施，各地方政府往往会追求自身利益最大化、固定化，然而，这将会成为社会保障制度矛盾凸显的关键原因。由于碎片化立法分离无力保证住房保障制度的顺利实施，因此，必须对中央立法和地方立法的协调衔接给予高度重视。就目前的情况来说，行政机关通过强制命令维持保障房的建设，距离真正的立法保障还有一定的差距。当下，要关注地方住房保障立法和中央住房保障立法的一体化，协调中央和地方的关系，要体现中央的制约和监管，同时也要让地方结合实际情况充分发挥其自主性。

9.1.3　改革地方政府政绩考核体制

在唯 GDP 的政绩考核体制之下，地方政府更倾向于通过城市土地开发，追求经济收益、大量建设工业开发区及利用土地优惠招商引资，而保障性住房用地无法带来短期经济效益，地方政府缺乏供应这一类土地的激励。因而，改革地方政府的政绩考核体制也是改善当前地方保障性住房建设困境的另一治本之策。一方面，应逐步调整和弱化以经济增长为导向的地方晋升体制，将相应的社会保障和民生指标如保障房建设的数量和质量、环境保护、人民满意程度、社会和谐等指标纳入地方政府政绩评价指标体系中，再对不同指标赋予合理的权重。与此同时，应当降低反映经济数量与增长速度的指标所占的权重，如 GDP 增速、财政税收和投资规模等指标，以强化保障房建设、改善民生等多元目标作为地方发展观，淡化地方政府唯 GDP 的政绩观，从而改变地方政府“重商品房，轻保障房”的偏好。同时，将人民满意度指标纳入政绩考核体系中，有利于引导地方政府对下负责，加强保障房建设中社会监督作用，从而激发有职位晋升追求的地方官员建设保障房的动力。另一方面，也应逐步对自上而下的任免体制进行改革，赋予辖区居民更多监督政府和参与政策决策的权力，确保地方居民的权益和长远的民生需求得到更多的考虑。地方政府公职人员只有牢固树立责任意识，重新审视、明确保障房建设中的职责权限，积极调动社会各方主动性，才能推动保障性住房建设进程，为其注入持久动力，从而早日实现全面建成小康社会之住有所居梦。

9.1.4 建立监督与行政问责机制

有效的监督与行政问责机制能够对地方政府的保障房建设失职行为进行约束，成为地方政府建设保障房的外在动力。加强对地方政府的保障房建设的监管方面，首先，应建立国家层面的保障房监管专门机构，明确各项监管职能，并自上而下在各地设立办事处，专人监督与协调地方政府的建设进度。保障房监管的专门机构应定期或不定期抽查地方政府保障房建设进度，如果在排查过程中地方政府进度缓慢，保障房监管专门机构可建议相关部门追究主要责任人责任。其次，设立地方政府保障房建设进度、质量等上报机制，并要求地方将保障房建设计划、完成进度，质量验收等信息对社会公众公开，接受社会公众、媒体的监督。最后，应当对保障房资金实行有效的审计监督，确保保障房资金得到规范使用。完善行政问责机制方面，首先，应尽快颁布专门的、完善的成文法如《住房保障法》，通过法律的形式科学界定政府在保障性住房土地提供、资金投入及财税优惠等方面应负担的责任，明确规定未完成保障性住房建设数量、未达到建设质量标准的相关责任人应接受的惩罚，确保政府在规范住房保障建设中做到有法可依。其次，对问责的范围、标准、责任人应承担的职责等都应具体化，如对因检查不严导致质量问题的相关政府负责人降级、免职，甚至追究法律责任，这样可提高行政问责的执行力和效率。总之，有效的监督和严厉的行政问责的约束力，能形成地方政府保障房建设的一股外在推动力。

9.2 优化保障性住房的管理运行机制

9.2.1 调整定价机制 制定合理价格

政府提供保障性住房的目的在于解决中低收入家庭的住房困难问题，缩小社会收入差距，这就决定了保障性住房的价格必须控制在保障对象能够承担得起的范围内。价格的合理性直接关系到保障性住房能否合理地分配给真正需要保障的对象，是确保保障性住房公平分配的重要依据。首先，保障性住房定价不宜过低，要能吸引房地产开发商对保障性住房投资的积极性，从而能够建设更多的房源。房地产开发商要具有对保障性住房建设的持续动力，在确定保障性住房的价格时要考虑参与主体的可持续发展性，有效提高参与保障房建设的企业的生产能力。其次，保障性住房定价必须具有科学性。相比商品房而言，保障性住房涉及的层面更为复杂，要兼顾多方的利益，存在国家宏观把控的非市场因素。政府要对保障性住房进行科学的界定和管制，要让开发商有利可图，更要让保障对象能够支付得起保障性住房的价格。保障性住房在操作的过程中容易出现不公平的现象，政府必须在保障性住房各环节中实行严格的管理监督，维护保障性住房的公正性，具体包括：保障性住房的建造标准，准入、分配及退出机制等。另外，由于信息不对称，对价格制定的依据不完善，导致我国在保障性住房的价格制定和房屋分配上存在很多问题，严重影响了保障性住房分配的公平性。为此，政府应当对保障对象和潜在保障对象及住房建设相关企业建立完整的信息档案，建立奖惩机制，鼓励市民监督举报。只有掌握了充足的信息才能对市场进行有效的监督。这也体现了保障性住房的严肃性，避免因为价格问题产生的社会不公平现象影响保障性住房分配的公平与效率。

9.2.2 成立专职机构 落实住房建设

保障性住房建设工作涉及多个政府部门决策，同时，考虑到保障性住房建设工作的长期性与复杂性，政府应成立专门的住房保障实施机构来负责推进保障性住房建设工作有序进行。美国、新加坡等发达国家均设立了专门机构负责住房保障工作。例如，1937 年美国设立公共住房署，主要负责开发公共住宅，解决低收入居民的住房困难问题；随后，1965 年设立住房和城市发展部，主要负责为无力购买住房的低收入居民提供房租补贴，制定抵押贷款担保方案，为居民购买住房提供支持等。新加坡于 1960 年设立了建屋发展局，负责住房保障工作，这一专门机构具有法律赋予的特定权力和使命，配备了相应的高水平的专业人员，并制定了一系列科学合理的具体规章制度，保证组屋建设的品质和分配的社会公平性，其中，建屋发展局具体负责组屋的土地、规划、租售、管理及监督等工作。就我国来看，虽然目前已设立了住房和城乡建设部，负责制定住房保障政策并监督指导实施，然而，由于住房保障工作涉及的相关部门众多，在协调合作过程中一旦出现问题，极容易造成各部门间相互推诿的现象，导致保障性住房建设工作的进度缓慢，甚至难以顺利推进。鉴于此，我国应当借鉴学习美国、新加坡等发达国家的经验，成立专门负责保障性住房全程事宜的管理机构，对保障性住房建设工作进行统一规划管理，同时，应当制定相应的规章制度，引进专门的管理人员以保证住房保障工作的顺利实施。

9.2.3 重视质量监管　确保住房质量

建立保障性住房质量监管体系。重点考察保障性住房项目开发的具体特点和内部环境，准确定位质量监管的各个参与主体，明确规定各个主体的职能和权限，解决好各个部门之间的利益冲突，形成质量监管的良性互动。由于建设保障性住房的收益远不及建设商品住房，为避免建设商对保障性住房建设的成本控制，必须要对建设过程中的各个环节加强审核，并按照住房质量监管标准来把关保障性住房建设质量。由于各参与主体的出发点不同，不同参与主体对保障性住房建设的质量目标的理解很有可能会出现差异，因此，政府要对住房建造商、设计机构、施工部门等相关主体进行政策解读，确保各主体严格按照中央和地方政府对保障性住房建设的要求执行各个程序建设环节。健全完善保障性住房建设的质量监管机制及法律法规，使保障性住房的建设管理能够做到有法可依。完善政府预防和参与解决职能，对建设质量进行严格监督掌控，并可通过授权或委托专业的质量监管机构，监督检查参与保障房建设的各责任主体、机构质量行为及工程实体的质量状况，对建设过程中的违法行为进行严厉处罚。完善政府的评估与补救职能。政府要对在项目建设过程中和保障对象在房屋使用过程中存在的关于质量问题的投诉高效地进行处理，对项目因质量引发的争议，要根据相关合同规定的质量要求采用裁决方式，并请专业的鉴定机构对房屋的质量进行核查。

加强开发商及监理单位质量监控职能。政府虽然是保障性住房开发的主体，但是政府无法参与到保障性住房的具体施工建设中，因此，政府须委托房地产开发商来完成保障性住房的施工建设。政府为开发商提供政策上的支持和优惠，开发商必须按照合同的规定严格把控保障性住房的建设质量，对保障性住房的质量负全责。加强对开发商的质量监管和提高施工水平是保障性住房质量的根本保证。在工程项目勘察阶段，应委托具有资质的勘察设计单位进行图纸设计。在项目成立之后，应以公开招标的形式挑选优质合适的供应商，明确材料设备供应的各个环节，让每一个环节都有问责机制。开发商要对其施工相关的各个环节宏观把控，明细工程每个阶段的动态，详细掌握每个建设环节的施工参与人的行为特征，严格管理施工的相关人员。项目质量监理单位应配备专业的仪表设备，严格把握中间环节质量检验及每个施工阶段的质量验收程序，严格按照合同的质量要求验收住房。

9.2.4　升级准入退出机制　保证分配公平

建立严格的准入机制。保障性住房是非常有限的准公共品资源，政府必须采取相应措施，确保保障性住房能够分配到真正有住房困难的中低收入人群手中，那么，构建严格科学的准入机制便是其中的重要环节之一。各地方政府应当建立严格合理的保障性住房准入审查机制，来保障中低收入家庭整体的住房福利，增加高收入家庭的机会成本。具体措施包括：一是建立动态的居民个人收入信息档案，对保障性住房申请对象的家庭资产、工资收入、工资外收入、消费状况进行详细调查，并录入居民电子信息档案。二是实施多方位调查制度，由政府牵头联合银行、企业、财政、审计、公安等部门，从个人银行信用管理、证券投资、工商管理、房地产管理、税收管理、公安户籍的管理实施全方位审查。三是要建立针对个人的信用考核制度和诚信档案，对于个人骗购经济适用房、骗租廉租房的行为记录在案，取消其再次申购、申租的资格。

建立科学的退出制度。为了保证住房保障体系流动性的实现，使有限的住房保障能够覆盖更广泛的中低收入人群，政府必须建立起科学的退出机制以促进保障功能的可持续性。第一，构建严格的定期审核制度，定期主动核查受保障的中低收入家庭的收入、工作、住房等各方面情况，同时，要强化对住房补贴资金的监管，建立专项列支、定期上报与检查制度，形成各地统一的保障性住房信息管理网络。第二，被保障的中低收入家庭每年度必须主动向专门的管理机构就家庭收入、人口及住房情况进行如实申报。第三，改革我国目前常见的“一刀切”“强制型”的退出机制，实施“阶梯”“激励型”退出激励措施。例如，推广山东、河北、江苏地区实施的阶梯退出机制，引导帮助退出对象顺利过渡，另外，通过为经济状况改善的对象提供购买商品房的支持，鼓励其主动退出保障性住房体系。

9.3　加强保障性住房的配套支持力度

9.3.1　改革户籍制度　引导资源合理配置

户籍制度是造成我国城市流动贫困人口形成和农村人口城市化难以实现的重要原因，这部分人群理应是保障性住房实际需要帮助的对象，但却因户籍限制难以享受到保障性住房带来的福利。即由于户籍问题的存在，导致无法正确地确定保障性住房的供给总量。因此，我国亟须加快户籍制度改革，建立城乡统一的户籍登记制度，推进公共服务、福利与户籍解绑。城市的户籍贫困人口主要分布在县市地区，而流动贫困人口主要分布在省会城市或发达一线城市。因此，保障性住房供应要打破户籍制度的限制，让城市中的低收入人口及农村户籍人口都能充分享受到保障性住房带来的福利。保障性住房既是公共资源又是宏观调控手段，要将保障性住房作为宏观资源，结合区域产业资源来加大对中部地区和中小型城市的投入，促进区域均衡发展，解决贫困问题，并推动城市化发展。

9.3.2　优化城市规划　提升宏观环境

保障性住房建设是城市发展中的重要内容，而合理的城市规划能够为保障性住房建设提供良好的经济环境。城市规划能够引导城市社会经济的发展，决定城市土地被开发的内容和城市空间系统。城市规划不是单独完成的，而是根据社会经济和人口的要求以及结合住房系统等相关因素制定的。同时，政府会根据城市的各项经济指标、项目内容及城市未来的发展方向确定城市发展的总体目标。在结合目标制定城市未来发展的蓝图中，政府应将保障性住房重点纳入城市土地规划中。住房保障制度本身具有公共政策的属性，在城市规划和制度建设中发挥着重要作用。保障性住房也是住房市场中的重要组成部分，会受到住房市场经济周期性波动的影响，只有在一个平稳可持续的住房体系中，住房保障制度才能正常运行。因此，合理的城市规划能为保障性住房健康发展提供制度性的保障，也即保障性住房的实施需要在相关的政策支持下，通过城市规划来实现。

9.3.3　健全城乡规划　核定保障范围

我国城乡规划主要分为以下四类：城市规划、城镇体系规划、镇规划、乡规划和村庄规划。上一层的规划是下一层的目标，下一层的规划是上一层目标的具体实现，整体目标规划一一实现相互链接。国务院颁发的《国务院关于解决城市低收入家庭住房困难的若干意见》（国发〔2007〕24 号）中赋予了住房建设规划内容的法定地位。为了切实推动各城市制定的住房保障规划的完整实现，应从法律体系上将住房规划和城乡规划的关系定义得更加清晰。目前，城乡二元户籍制度正在改革，人口城市化也要结合我国整体的城市化的发展方向。城镇经济的发展能为农村户口居民提供更多的就业岗位和更好的宏观经济环境，因此，一部分进城务工人员会选择留在家乡自主创业、开办乡镇企业等，城市中保障性住房的数量需求就会降低。政府应根据保障性住房的地区需求差异，科学界定保障性住房的覆盖范围及建设供给数量。可见，大力发展城乡经济，健全城乡规划，对我国保障性住房建设及规划具有积极作用。

9.3.4　增加社会保障支出　扩大补贴范围

我国在构建多层次高水平的社会保障体系中，应当将社会保障支持放置于首要发展的位置，并合理提高最低生活保障支出在财政社会保障支出中的占有比例，同时将低收入群体全面纳入最低生活保障体系中。结合物价变动，构建最低生活保障标准与物价上涨挂钩的联动机制，让最低生活标准能够适应市场价格的变化，降低低收入群体因生活必需品价格上涨产生的经济压力。目前，我国社会保障对象仍主要为城镇人口，农村人口享有的主要是基本医疗保障及最低生活保障，家庭成员一旦出现重大疾病将会拖垮整个家庭。贫困家庭大多缺乏社会保险，重大家庭支出基本全部依靠家庭积蓄。对此，我国应当加强财政对农村社会保险的投入，实现城镇和农村社会基础保险全面覆盖，为我国最低生活保障项目提供更加充实的资金保障。科学配置政府财力资源，使社会保障财政支出向低收入人群、中西部地区的农村倾斜。加快建立覆盖全民的社会保障体系，保证全体社会成员拥有平等享有社会保障的权利，建立兼顾各类人群的社会保障待遇标准及合理的调整机制。

参考文献

[1] Aaron H J, Furstenberg G. The inefficiency of transfers in kind: the case of housing assistance [J]. Economic Inquiry, 2010, 9 (2): 184-191.

[2] Carr D. Two paths to self-employment? Women's and men's self-employment in the United States, 1980 [J]. Work and Occupations, 1996, 23 (1): 26-53.

[3] Chishti M, Hipsman F. The child and family migration surge of summer 2014: A short-lived crisis with a lasting impact [J]. Journal of International Affairs, 2015, 68 (2): 95.

[4] Coulson N E. Why are Hispanic-and Asian-American homeownership rates so low?: Immigration and other factors [J]. Journal of Urban Economics, 1999, 45 (2): 209-227.

[5] David, Alan, Aschauer. Does public capital crowd out private capital? [J]. Journal of Monetary Economics, 1989, 24 (2): 171-188.

[6] Dipasquale D, Betts R M. Essentials of Real Estate Economics [M]. 4th ed. Prentice Hall, 1996.

[7] Dujardin C, Goffette-Nagot F. Does public housing occupancy increase unemployment? [J]. Journal of Economic Geography, 2009, 9 (6): 823-851.

[8] Frick J R, et al. Distributional effects of imputed rents in five European countries [J]. Journal of Housing Economics, 2010, 19 (3): 167-179.

[9] Guiso L，Jappelli T，Terlizzese D. Earnings uncertainty and precautionary saving [J]. Journal of Monetary Economics，1992，30 (2)：307-337.

[10] Gustman A L，Steinmeier T L. The 1983 social security reforms and labor supply adjustments of older individuals in the long run [J]. Journal of Labor Economics，1985，3 (2)：237-253.

[11] Hallett G，Heady B. Housing policy in the developed economy [J]. The Economic Journal，1979，89 (354)：473-474.

[12] Jin S，Shi L. Hukou's impact on labor occupation segmentation [J]. China Agricultural Economic Review，2014，6 (3)：651-672.

[13] Kantor S E，Fishback P V. Precautionary saving，insurance，and the origins of workers' compensation [J]. Journal of Political Economy，1996，104 (2)：419-442.

[14] Krueger A B，Pischke J S. The effect of social security on labor supply：A cohort analysis of the notch generation [J]. Journal of Labor Economics，1992，10 (4)：412-437.

[15] Kuhn P，Shen K. Do Employers Prefer Migrant Workers? Evidence from a Chinese Job Board [J]. IZA Journal of Labor Economics，2015，4 (1)：1-31.

[16] Leland H E. Saving and uncertainty：the precautionary demand for saving [J]. Quarterly Journal of Economics，1968，82 (3)：465-473.

[17] Lin Y，Meulder B D，Cai X，et al. Linking social housing provision for rural migrants with the redevelopment of "villages in the city"：A case study of Beijing [J]. Cities，2014，40：111-119.

[18] Liu Z，Wang Y，Chen S. Does formal housing encourage settlement intention of rural migrants in Chinese cities? A structural equation model analysis [J]. Urban Studies，2017，54 (8)：1834-1850.

[19] Lu M，Xia Y. Migration in the People's Republic of China [R]. ADBI Working Papers，2016，593.

[20] Lui H K. Income inequality and economic development [D]. Hong Kong：

City University of Hong Kong Preys，1997.

[21] Eriksen M D，Rosenthal S S. Crowd out effects of place-based subsidized rental housing：New evidence from the LIHTC program [J]. Journal of Public Economics，2010，94 (11-12)：953-966.

[22] Milanovic，Branko. Do more unequal countries redistribute more? Does the median voter hypothesis hold? [R]. World Bank Policy Research Working Paper，1999，2264.

[23] Mincer J. Family Migration Decisions [J]. Journal of Political Economy，1978，86 (5)：749-773.

[24] Preacher K J，Hayes A F. Asymptotic and resampling strategies for assessing and comparing indirect effects in multiple mediator models [J]. Behavior Research Methods，2008，40 (3)：879-891.

[25] Rabe B，Taylor M P. Differences in opportunities? Wage，employment and house-price effects on migration [J]. Oxford Bulletin of Economics and Statistics，2012，74 (6)：831-855.

[26] Roodman D M. Fitting Fully Observed Recursive Mixed-Process Models with CMP [J]. Stata Journal，2011，11 (2)：159-206.

[27] Sai D，Dong X Y，Maurerfazio M. How do pre-school and/or school-age children affect Parents' likelihood of migration and off-farm work in rural china's minority regions? [R]. Iza Discussion Papers，2016，10073.

[28] Schönwälder K，Söhn J. Immigrant settlement structures in Germany：General patterns and urban levels of concentration of major groups [J]. Urban Studies，2009，46 (7)：1439-1460.

[29] Shen H，Tao S，Chen Y. Urbanization-induced population migration has reduced ambient PM2.5 concentrations in China [J]. Science Advances，2017，3 (7)：1700300.

[30] Tsakloglou P，Antoninis M. Who benefits from public education in greece? evidence and policy implications [J]. Education Economics，2001，9 (2)：197-222.

[31] VanKempen R，Şule Özüekren A. Ethnic segregation in cities：new forms and explanations in a dynamic world [J]. Urban Studies，1998，35 (10)：1631-1656.

[32] Yong T. Themacro impacts of public resold dwellings on private housing prices in Singapore [J]. Blackwell Publishing Ltd，2003，15 (3)：191-207.

[33] Zhang Q F，Pan Z. Women's entry into self-employment in urban China：The role of family in creating gendered mobility patterns [J]. World Development，2012，40 (6)：1201-1212.

[34] Zhao Y. Labor migration and earnings differences：The case of rural China [J]. Economic Development & Cultural Change，2015，47 (4)：767-782.

[35] 艾小青，程笑，李国正. 社会歧视对进城农民工定居意愿的影响机制研究——基于身份认同的中介效应 [J]. 人口与发展，2021，27 (01)：73-85.

[36] 陈健，高波. 收入差距、房价与消费变动——基于面板数据联立方程模型的分析 [J]. 上海经济研究，2012，24 (02)：53-62.

[37] 陈健，邹琳华. 扩大内需下保障房的最优供给区间研究——基于财富效应的分析视角 [J]. 财贸经济，2012 (01)：115-122.

[38] 陈杰，农汇福. 保障房挤出效应的存在性及其时空异质性：基于省级面板门限模型的证据 [J]. 统计研究，2016，33 (04)：27-35.

[39] 陈淑云，曾龙. 基于 TOD 模式的混合居住型保障性住房选址研究——以武汉市保障房选址为例 [J]. 湖北社会科学，2014 (05)：71-75，85.

[40] 陈伟，任兰杰. 住房保障对居民收入分配的调节作用研究——以北京市为例 [J]. 生产力研究，2019 (011)：14-17.

[41] 陈伟国，樊士德. 金融发展与城乡收入分配的库兹涅茨效应研究——基于中国省级面板数据的检验 [J]. 当代财经，2009 (03)：44-49.

[42] 崔光灿. 外来人口居住空间结构与产业结构的互动——以上海市为例 [J]. 城市问题，2014 (11)：33-38.

[43] 党云晓，湛东升，谌丽，等. 城市更新过程中流动人口居住-就业变动的协同机制研究——以北京为例 [J]. 地理研究，2021，40 (02)：513-527.

[44] 杜函芮，过勇．土地资源的产权交易与腐败［J］．经济社会体制比较，2019（03）：94-105．

[45] 冯明．农民工与中国高储蓄率之谜——基于搜寻匹配模型的分析［J］．管理世界，2017（04）：20-31，59，187．

[46] 冯长春，李天娇，曹广忠，等．家庭式迁移的流动人口住房状况［J］．地理研究，2017，36（04）：633-646．

[47] 淦未宇，徐细雄．组织支持、工作生活质量与新生代农民工城市融合——基于海底捞的案例研究［J］．管理评论，2019，31（05）：291-304．

[48] 耿晋梅．中国的社会保障支出政策调节了居民收入差距吗？［J］．经济问题，2020（07）：27-34．

[49] 苟兴朝，谢怡美．我国城乡保障性住房建设资金供给主体研究——基于“四化”同步发展视角［J］．成都师范学院学报，2016，32（08）：94-101．

[50] 桂华．城镇化进程中的农村土地低效利用与改进——基于武汉、上海等市郊农业政策的比较分析［J］．经济学家，2018（03）：89-95．

[51] 郭威，杨弘业．完善新时代下保障性住房体系：意义、问题与政策措施［J］．中国经贸导刊，2019，922（03）：70-73．

[52] 郭永学．各地房改做法述评［J］．经济纵横，1992（07）：29-30．

[53] 国世平．论住宅的二重属性及应采取的政策［J］．经济问题，1982（10）：12-14．

[54] 韩海燕．改革开放40年我国城镇居民财产性收入不平等状况的演进分析［J］．上海经济研究，2018（09）：79-89．

[55] 何代欣．中国式土地制度、地方可支配财力及土地财政新演化［J］．中国行政管理，2013（12）：33-38．

[56] 何炜．公共服务提供对劳动力流入地选择的影响——基于异质性劳动力视角［J］．财政研究，2020（03）：101-118．

[57] 胡吉亚．我国公共租赁住房发展的路径优化［J］．上海交通大学学报：哲学社会科学版，2020（4）：57-70．

[58] 胡吉亚．高房价背后的市场主体博弈分析及调控路径选择——我国主要城市高房价诱因实证解析［J］．经济社会体制比较，2019（02）：144-155．

[59] 胡霞，丁浩. 子女随迁政策对农民工家庭消费的影响机制研究 [J]. 经济学动态，2016 (10)：25-38.

[60] 黄日生. 小产权房成因：一个利益博弈视角 [J]. 财经科学，2015 (11)：45-54.

[61] 贾康，刘军民. 我国住房改革与住房保障问题研究 [J]. 财政研究，2007 (07)：8-23.

[62] 蒋和胜，王波. "十二五"以来我国保障性住房资金来源渠道分析 [J]. 宏观经济研究，2016 (04)：21-31.

[63] 蒋震. 工业化水平、地方政府努力与土地财政：对中国土地财政的一个分析视角 [J]. 中国工业经济，2014 (10)：33-45.

[64] 孔艳芳. 房价、消费能力与人口城镇化缺口研究 [J]. 中国人口科学，2015 (05)：33-44，126-127.

[65] 李斌，张贵生. 居住空间与公共服务差异化：城市居民公共服务获得感研究 [J]. 理论学刊，2018 (01)：99-108.

[66] 李含伟，王贤斌，刘丽. 流动人口居住与住房视角下的社会融合问题研究 [J]. 南方人口，2017，32 (05)：38-47.

[67] 李宏，闫坤如. 新中国成立 70 年城镇住房制度的嬗变与启示 [J]. 广西社会科学，2019 (08)：57-62.

[68] 李瑞，刘超. 流动范围与农民工定居意愿——基于流出地的视角 [J]. 农业技术经济，2019 (08)：53-67.

[69] 李文利，梁在. 中国两代流动人口子女随迁决策的比较研究 [J]. 人口学刊，2019，41 (03)：77-90.

[70] 李勇辉，李小琴，沈波澜. 安居才能团聚？——保障性住房对流动人口家庭化迁移的推动效应研究 [J]. 财经研究，2019，45 (012)：32-45.

[71] 李勇辉，李婉. 我国保障性住房政策的经济效应研究 [J]. 湘潭大学学报 (哲学社会科学版)，2017，41 (05)：63-70.

[72] 李勇辉，英成金，罗蓉. 保障性住房有效推动了人口城镇化吗——基于土地财政的视角 [J]. 广东财经大学学报，2017，32 (05)：46-57.

[73] 梁勇，马冬梅. 现阶段我国城市流动人口变动的新特点及服务管理创新

[J]. 理论与改革，2018 (01)：173-182.

[74] 刘斌. 经济适用房存在挤出效应吗？——基于中国 35 个大中城市的面板数据 [J]. 经济管理，2014，36 (10)：157-168.

[75] 刘广平，陈立文. 保障房开发对房价的溢出效应研究：回顾与展望 [J]. 现代城市研究，2019 (11)：90-96.

[76] 刘欢，席鹏辉. 户籍管制与流动人口家庭化迁移——基于 2016 年流动人口监测数据的经验分析 [J]. 经济与管理研究，2019，40 (11)：82-95.

[77] 刘金凤，魏后凯. 城市高房价如何影响农民工的定居意愿 [J]. 财贸经济，2021，42 (02)：134-148.

[78] 刘涛，陈思创，曹广忠. 流动人口的居留和落户意愿及其影响因素 [J]. 中国人口科学，2019 (03)：80-91，127-128.

[79] 刘园，李捷嵩. 保障房真能有效抑制房价上涨吗？——基于动态面板门槛模型 [J]. 经济与管理评论，2017，33 (05)：5-11.

[80] 陆铭，向宽虎. 破解效率与平衡的冲突——论中国的区域发展战略 [J]. 经济社会体制比较，2014 (04)：1-16.

[81] 陆铭，张航，梁文泉. 偏向中西部的土地供应如何推升了东部的工资 [J]. 中国社会科学，2015 (05)：59-83，204-205.

[82] 路昌，周浩. 城市人口与建设用地空间格局及耦合特征分析 [J]. 城市问题，2020 (5)：28-37.

[83] 马智利，韩冰洋. 农业转移人口住房需求的支持机制研究 [J]. 农村经济，2017 (09)：110-115.

[84] 毛丰付，王建生. 保障性住房能够促进人口流动吗？——基于省际人口流动的引力模型分析 [J]. 华东经济管理，2016，30 (11)：86-95.

[85] 宁光杰，马俊龙. 农民工子女随迁能够提高其教育期望吗？——来自 CEPS 2013—2014 年度数据的证据 [J]. 南开经济研究，2019 (01)：137-152.

[86] 齐慧峰，王伟强. 基于人口流动的住房保障制度改善 [J]. 城市规划，2015，39 (02)：31-37.

[87] 盛亦男. 流动人口家庭化迁居水平与迁居行为决策的影响因素研究 [J]. 人口学刊，2014，36 (03)：71-84.

[88] 宋立. 中国人口城镇化的逻辑与发展趋势 [J]. 中国物价，2014 (08)：24-29.

[89] 宋旭光，何佳佳. 家庭化迁移经历对代际流动性的影响 [J]. 中国人口科学，2019 (03)：92-102，128.

[90] 宋月萍，宋正亮. 医疗保险对流动人口消费的促进作用及其机制 [J]. 人口与经济，2018 (03)：115-126.

[91] 苏红键. 中国流动人口城市落户意愿及其影响因素研究 [J]. 中国人口科学，2020 (06)：66-77，127.

[92] 孙聪，宋志达，郑思齐. 农民工住房需求特征与城市住房保障体系优化——基于北京市“城中村”调研的研究 [J]. 农业技术经济，2017 (04)：16-27.

[93] 孙静，崔海英，杨艳慧. 关于城市低收入群体住房保障政策探讨 [J]. 农村经济与科技，2020，31 (04)：259-260.

[94] 孙永强，颜燕. 我国教育代际传递的城乡差异研究——基于中国家庭追踪调查 (CFPS) 的实证分析 [J]. 北京师范大学学报 (社会科学版)，2015 (06)：59-67.

[95] 谭锐，黄亮雄，韩永辉. 保障性住房建设困境与土地财政压力——基于城市层面数据的实证研究 [J]. 现代财经 (天津财经大学学报)，2016，36 (12)：61-72.

[96] 唐焱，周琳，关长坤. 我国住房保障制度变迁与政策选择：一个文献评述 [J]. 中国行政管理，2014 (08)：97-100.

[97] 陶霞飞. 家庭化迁移之下的“用脚投票”研究——基于公共服务资源对人口家庭化流动影响的实证分析 [J]. 南方人口，2020，35 (05)：58-68.

[98] 王春超，张呈磊. 子女随迁与农民工的城市融入感 [J]. 社会学研究，2017，32 (02)：199-224，245-246.

[99] 王根贤. 财政分权激励与土地财政、保障性住房的内在逻辑及其调整 [J]. 中央财经大学学报，2013 (05)：1-5.

[100] 王京滨，夏贝贝. 中国房地产改革 40 年：市场与政策 [J]. 宏观经济研究，2019 (10)：25-34，168.

［101］王菁，张锐．家庭关爱的力量：子女数量对创业决定的影响［J］．经济学动态，2017（04）：90-100．

［102］王军．我国住房保障财政基础法理分析与实现路径［J］．理论视野，2019（04）：63-69．

［103］王敏．中国保障房配建模式的政策逻辑研究［J］．兰州学刊，2018（11）：131-143．

［104］王欧．留守经历与性别劳动分化——基于农民工输出地和打工地的实证研究［J］．社会学研究，2019，34（02）：123-146，244-245．

［105］王燕武，李文溥．居民负债压力下的财政政策效应［J］．中国工业经济，2020（12）：28-46．

［106］王永，杜鹏飞．要素禀赋、经济增长效率与地区差距——基于长三角城市群的门槛效应分析［J］．统计与决策，2020，36（21）：125-128．

［107］王宇锋．改革开放四十年我国城市住房制度体系：演变逻辑与展望［J］．江西财经大学学报，2019（03）：30-39．

［108］王子成，郭沐蓉，邓江年．保障性住房能促进流动人口城市融入吗？［J］．经济体制改革，2020（01）：176-181．

［109］王祖山，王竞．共享住房：保障性居住资源生成与配置的新路［J］．中南民族大学学报（人文社会科学版），2019，39（02）：107-112．

［110］温忠麟，叶宝娟．中介效应分析：方法和模型发展［J］．心理科学进展，2014，22（05）：731-745．

［111］吴宾，杨彩宁．住房制度、住有所居与历年调控：自 1978～2017 年中央政府工作报告观察［J］．改革，2018（01）：74-85．

［112］吴传清，邓明亮．土地财政、房价预期与长江经济带房地产泡沫指数［J］．华东经济管理，2019（6）：5-13．

［113］吴开泽，陈琳．落脚大都市：广州新市民住房贫困研究［J］．复旦公共行政评论，2018（01）：152-175．

［114］吴开泽，魏万青．住房制度改革与中国城市青年住房获得——基于住房生涯视角和离散时间事件史模型的研究［J］．公共行政评论，2018，11（02）：36-61，190．

[115] 肖子华，徐水源，刘金伟. 中国城市流动人口社会融合评估——以 50 个主要人口流入地城市为对象 [J]. 人口研究，2019，43 (05)：96-112.

[116] 熊景维，钟涨宝. 农民工家庭化迁移中的社会理性 [J]. 中国农村观察，2016 (04)：40-55，95-96.

[117] 熊鹰，何超. 高房价阻碍了中国城镇化进程吗？——基于户籍制度和土地供给的视角 [J]. 江汉论坛，2019 (08)：38-45.

[118] 徐延辉，邱啸. 社会经济保障与农民工的身份认同 [J]. 深圳大学学报 (人文社会科学版)，2019，36 (02)：102-111.

[119] 许天翔. 央地二元互动下地方政府行政审批权“相对集中”的内在逻辑 [J]. 中国行政管理，2018 (08)：35-40.

[120] 杨菊华. 人口流动与居住分离：经济理性抑或制度制约？[J]. 人口学刊，2015，37 (01)：26-40.

[121] 杨菊华. 制度要素与流动人口的住房保障 [J]. 人口研究，2018，42 (01)：60-75.

[122] 杨小静，钱璞，赵旭. 中国住房保障制度的改革路径 [J]. 学术界，2015 (05)：26-37，329-330.

[123] 尹志超，刘泰星，张诚. 农村劳动力流动对家庭储蓄率的影响 [J]. 中国工业经济，2020 (01)：24-42.

[124] 张鹤. 土地供给、保障房建设与商品房价格 [J]. 中国高校社会科学，2019 (06)：58-68，156.

[125] 张洁，林勇. 移民汇款、金融发展与收入不平等——基于 114 个发展中国家跨国面板数据的研究 [J]. 金融理论与实践，2021 (01)：43-51.

[126] 张莉，何晶，马润泓. 房价如何影响劳动力流动？[J]. 经济研究，2017，52 (08)：155-170.

[127] 张旭文，李永安. 交易成本视角下我国保障性住房政策实施偏差及矫正 [J]. 江西社会科学，2020 (9).

[128] 张志新，邢怀振，于荔苑. 城镇化、产业结构升级和城乡收入差距互动关系研究——基于 PVAR 模型的实证 [J]. 华东经济管理，2020，34 (06)：93-102.

[129] 郑芳，王建生，位梦蕊. 保障性住房对区域人口流动的“双向涟漪效应”研究——基于空间计量交互模型分析［J］. 云南财经大学学报，2020，36（03）：43-53.

[130] 郑洁熹. 基本公共服务均等化视角下的农民工住房保障问题研究［J］. 农村经济与科技，2020，31（17）：243-244.

[131] 郑思齐，张英杰，张索迪，等. 兼顾社会效益与土地机会成本的保障房选址评价方法——基于高低收入群体居住选址偏好差异的量化分析［J］. 管理评论，2016，28（07）：3-11.

[132] 周博颖，张璐. 住房保障政策评估方法及指标体系研究［J］. 城市发展研究，2020，27（11）：111-117.

[133] 周晋，虞斌. 社会保障影响下的居民未来预期与家庭资产配置——基于上海居民调查的实证分析［J］. 财经论丛，2015（09）：27-33.

[134] 周颖刚，蒙莉娜，卢琪. 高房价挤出了谁？——基于中国流动人口的微观视角［J］. 经济研究，2019，54（09）：106-122.

[135] 周雨晴，何广文. 住房对家庭金融资产配置的影响［J］. 中南财经大学学报，2019（2）：76-87，159-160.

[136] 祝仲坤. 保障性住房与新生代农民工城市居留意愿——来自2017年中国流动人口动态监测调查的证据［J］. 华中农业大学学报（社会科学版），2020（02）：98-108，166-167.

[137] 踪程，闫浩，陈立文. 住房品质、公共物品供给与保障房居民福利［J］. 经济问题，2017（02）：51-55.

后　记

城乡融合发展是一条城市和农村携手并进、互利共赢的发展之路。城乡融合高质量发展是现代化的重要标志，也是拓展发展空间的强大动力。党的十九大报告提出要“建立健全城乡融合发展体制机制和政策体系”，其中，实现城乡公共资源适度均衡和基本公共服务均等化是完善城乡融合的政策体系和重要内容，而住房保障是基本公共服务的重要组成部分。传统的住房保障政策以城镇中低收入群体为保障对象，随着新型城镇化的不断推进，越来越多的农村剩余劳动力转移到城市就业。伴随人口的迁移，住房则是迁移者融入城市生活和实现持久性迁移的基本条件，也是实现市民化进程中必须解决的关键问题。因此，破解住房问题有利于城乡融合发展。十九大报告中提出要加快建立“多主体供给、多渠道保障、租购并举”的住房制度，为新时期下住房制度改革指明了方向、路径和目标。随着住房保障制度的不断创新，内涵不断扩大，以住房保障制度为切入点，建设和完善城乡融合发展体制机制和政策体系，为新时期下城乡融合发展提供了新思路。

我国城乡关系的演变在住房保障制度的不同发展阶段呈现出不同的发展特点。在完全福利化住房供应制度下，城乡关系呈现出明显的二元分割特点，而随着住房制度开始商品化改革，城乡间的要素流动开始松动，城乡关系也开始被纳入统一的研究框架。进一步地，随着住房保障制度的不断完善与发展，城乡融合发展的思路也愈发清晰。从住房保障制度对城乡融合发展的推动效应来看，宏观层面上，保障性住房能有效推动土地城镇化和人口城镇化，从空间上提高城乡融合程度；微观层面上，保障性住房能增加城市部门对农村部门人口的拉力，从群体内部提高城乡融合程度。可见，随着城乡关系和住房保障制度不断演变发展，两者形成了紧密的关联性。新时期下城乡融合和住房保障制度的协同发展趋势更加凸显，融合发展机制也已初步形成。本书正是在此背景下，探索住房保障制度、城乡融合协同发展的实现路径与有效的政策保障体系，同时也是对实现基本公共服务均等化，推动解决不平衡不充分发展矛盾的初探。

我国住房保障制度和城乡融合发展既存在着各个国家在住房制度改革和城乡关系发展中的一般特性，同时也具有鲜明的中国特色。在本书的写作过程中，既遵循着马克思恩格斯、列宁等城乡融合思想的一般性，又结合毛泽东城乡融合思想和中国特色主义城乡发展制度理论的特殊性，同时也是在住房保障基础理论的框架下，对住房保障制度的现实经济效应的探索。从本书的写作逻辑来看，基于城乡关系和住房保障制度的动态演变历程，梳理出新时期的城乡住房制度改革逻辑。不仅从理论层面探析了住房保障制度与城乡融合发展的机理，同时也从实证的角度对其进行了验证，最终提出新时期下以城乡融合为政策目标的住房保障体系的构建路径，以及在城乡融合背景下保障性住房长效机制建立的政策措施。本书既是传统经典理论的延续也是前沿研究的延展，在此对前人的研究在本书的贡献表示感谢！此书的写作过程中，英成金（第六章）、李婉（第五章）、沈波澜（第八章）、刘孟鑫（第七章）、刘南南（第三章）、丰晨宇（第四章）、孙坤（第二章）等同学在资料收集及部分章节的初稿撰写工作中做了大量的工作。

习近平总书记强调“加快推进住房保障和供应体系建设，是满足群众基本住房需求、实现全体人民住有所居目标的重要任务，是促进社会公平正义、保证人民群众共享改革发展成果的必然要求”。在城乡融合的政策目标下，以保障性住房来实现农业流动人口的“安居梦”，让农业流动人口能在城市稳定居留与就业，实现两部门群体的“真正融合”。然而从现阶段来看，保障性住房的有效供给水平依然较低，同时，保障性住房长期以来又以城镇人口为主要保障对象，因此流动人口还难以享受保障性住房所带来的政策红利。庞大的流动人口群体完全依赖保障性住房来解决居住需求无疑给城市增加了巨大的财政压力，并且制度性因素的影响是在长期以来社会经济的发展过程中所形成的，对于制度性因素的改革也不能一蹴而就，同时流动人口群体内部还存在巨大差异，进而导致了不同的居住需求，因此，在保障性住房的政策体系构建中，只有坚持“多主体供给、多渠道保障、租购并举”的住房制度安排，才能更好促进城乡融合发展。

图书在版编目（CIP）数据

新战略 ：保障性住房与城乡融合 / 李勇辉，李小琴著. -- 湘潭 ：湘潭大学出版社，2020.12
ISBN 978-7-5687-0530-1

Ⅰ. ①新… Ⅱ. ①李… ②李… Ⅲ. ①保障性住房－住房制度改革－研究－中国 Ⅳ. ①F299.233.1

中国版本图书馆 CIP 数据核字（2020）第 267612 号

新战略 ：保障性住房与城乡融合
XINZHANLUE：BAOZHANGXING ZHUFANG YU CHENGXIANGRONGHE
李勇辉 李小琴 著

策划编辑：蒋海文 姚海琼
责任编辑：廖文婷 罗 联 王晓园
封面设计：何 健
出版发行：湘潭大学出版社
社 址：湖南省湘潭大学工程训练大楼
电 话：0731-58298960 0731-58298966（传真）
邮 编：411105
网 址：http://press.xtu.edu.cn/
印 刷：长沙鸿和印务有限公司
经 销：湖南省新华书店
开 本：710 mm×1000 mm 1/16
印 张：11.5
字 数：243 千字
版 次：2020 年 12 月第 1 版
印 次：2020 年 12 月第 1 次印刷
书 号：ISBN 978-7-5687-0530-1
定 价：49.00 元